107

RECHERCHES HISTORIQUES

SUR LE COLLEGE

DES QUATRE-NATIONS

TIRÉ A 300 EXEMPLAIRES.

Papier vélin................	254
— vergé................	28
— chamois............	10
— chine...............	6
Peau de vélin..............	2

Tous droits réservés.

PARIS. — IMPRIMÉ CHEZ BONAVENTURE ET DUCESSOIS
55, QUAI DES AUGUSTINS.

LES ORIGINES DU PALAIS DE L'INSTITUT

RECHERCHES HISTORIQUES

SUR LE COLLEGE

DES QUATRE-NATIONS

D'APRES DES DOCUMENTS ENTIEREMENT INEDITS

PAR

ALFRED FRANKLIN

DE LA BIBLIOTHÈQUE MAZARINE

A PARIS

CHEZ AUGUSTE AUBRY

L'UN DES LIBRAIRES DE LA SOCIETE DES BIBLIOPHILES FRANÇOIS

RUE DAUPHINE, 16

M.D.CCC.LXII

 NTRE les nombreux fonctionnaires du Collége des Quatre-Nations figurait le Procureur. Il avait droit au titre de *Messire*, et occupait dans la maison une position fort considérée, car un seul échelon le séparait de la dignité si enviée de Grand-Maître.

Ses attributions, très-étendues, embrassaient toute l'administration matérielle de l'établissement. Il percevait les revenus et réglait les dépenses. L'entretien des bâtiments, les traités avec les fournisseurs, le réfectoire, la lingerie, étaient exclusivement de son domaine.

Chaque année, il présentait à quatre Inspecteurs délégués par la Sorbonne un compte rendu de la situation financière du Collége, et il était tenu d'entrer à cet égard dans les détails les plus minutieux. Avait-il, par exemple, à mentionner l'achat d'une douzaine de serviettes, et leur ourlage, il lui était interdit de faire figurer ces deux articles sous un seul titre.

Si l'on réfléchit maintenant que, dans un établissement de ce genre, il n'est pas de fait, quelque minime qu'il soit, qui ne se traduise par une dépense, on comprendra quelle abondance de renseignements, quelle richesse de détails intimes doivent contenir les registres des Procureurs du Collége des Quatre-Nations.

Or, tous ces registres, enlevés à l'époque de la Révolution, ont été déposés aux Archives de l'Empire. Nous les y avons trouvés par hasard, en cherchant des matériaux pour un autre ouvrage, auquel celui-ci sert de complément.

Cette découverte nous a paru précieuse à plus d'un titre.

Le Collége des Quatre-Nations doit son origine à l'un de nos hommes d'État les plus célèbres; il fut élevé sous la surveillance directe de Louis XIV, et organisé par Colbert. De l'aveu de Mercier, qui rencontre rarement des éloges sous sa plume, c'était le plus fréquenté, le plus riche et le plus beau des colléges de Paris. Enfin, les bâtiments dans lesquels il était établi sont aujourd'hui occupés par le premier de nos corps savants, et, à ce point de vue encore, tous les documents qui en éclaircissent le passé acquièrent un grand intérêt.

On n'a, d'ailleurs, rien publié jusqu'ici sur le Collége des Quatre-Nations. Par un privilége qui devient chaque jour plus rare, nous nous trouvions donc en présence d'un sujet entièrement neuf. C'était là une difficulté, mais aussi un attrait de plus; et si cette circonstance nous oblige à réclamer l'indulgence du lecteur, elle nous permet en revanche d'affirmer que tous les détails contenus dans ce petit volume sont inédits.

Lemaire, dans son *Paris ancien et nouveau*, est le premier qui ait consacré quelques pages à la fondation de Mazarin; il s'est, du reste, borné à donner une courte description des bâtiments tels qu'il les avait sous les yeux. Sauval, Félibien et Piganiol de la Force ont suivi son exemple. Depuis lors, tous les auteurs qui ont abordé ce sujet ont copié ou abrégé Piganiol. Les histoires de l'Université restent également muettes à cet égard; les vastes compilations de Duboulay et de Crevier s'arrêtent à l'année 1600, plus d'un demi-siècle avant la mort de Mazarin; et les écrivains modernes n'ont accordé à l'établissement qui nous occupe que des paragraphes insignifiants dont les éléments sont puisés dans Piganiol. Le seul travail qui jette quelque lumière sur la construction du Collége est une courte mais excellente brochure de M. Léon de Laborde, publiée en 1842, et intitulée : *Projets pour l'amélioration et l'embellissement du Xe arrondissement.*

Les documents imprimés n'ont donc pu nous être à peu près d'aucune utilité; et nous ne songeons point à nous en plaindre, car les registres conservés aux Archives nous fournissaient, à eux seuls, des renseignements assez nombreux pour nous permettre de retrouver la physionomie, et de reproduire la vie intime du plus beau collége qu'ait jamais eu Paris.

C'est à nous plutôt qu'à eux qu'il faut s'en prendre si ce résultat n'a pas été atteint. Ils contiennent en effet, année par année, et presque jour par jour, l'histoire du Collége depuis sa fondation. Mais il fallait s'ouvrir une route à travers ce chaos ; et plus d'une fois, perdu au milieu de ces détails infinis, nous avons été tenté de maudire l'abondance des matériaux que le hasard avait fait tomber entre nos mains, de maudire même ces procureurs si méticuleux et calligraphes si inhabiles. Soyons juste, pourtant, ces braves comptables, en alignant leurs chiffres, ne se doutaient guère qu'ils travaillaient pour la postérité, et qu'après deux siècles un humble chercheur viendrait, au nom de l'histoire, examiner leurs livres et contrôler leurs additions.

TABLE DES SOMMAIRES

CHAPITRE I
FONDATION.

Testament de Mazarin. — Réalisation de deux idées de Richelieu. — Fondation du collége des Quatre-Nations. . . . .   Pages. 1

CHAPITRE II
CHOIX DE L'EMPLACEMENT.

Délibérations des exécuteurs testamentaires. — Projet de Colbert.—Le jardin des Plantes.—Réclamations de l'Université.— Le palais du Luxembourg. — L'hôtel de Nesle..   15

CHAPITRE III
CONSTRUCTION.

Achat des terrains.—Indemnités accordées à la ville de Paris et aux personnes expropriées. — Plan général de Levau. — Traitement des architectes. — Estimation des dépenses. — Benvenuto Cellini à l'hôtel de Nesle.   35

CHAPITRE IV

DESCRIPTION.

Pages.

Physionomie du palais de l'Institut en 1689. — Boutiques qui entouraient la façade. — Le quai des Quatre-Nations. — La chapelle. — La bibliothèque. — Logements des professeurs et des élèves. — Les salles d'étude. — Le réfectoire. — La cuisine. — La rue Mazarine. 49

CHAPITRE V

OUVERTURE DES CLASSES.

Le duc de Mazarin. — Le latin appris sans maître. — Lettres patentes de Louis XIV. — Requête adressée à l'Université. — Sous quelles conditions elle admet le Collége dans son sein. — Le corps de Mazarin est déposé dans la chapelle. 67

CHAPITRE VI

PERSONNEL.

EMPLOYÉS, leur hiérarchie et leur traitement. — Le Grand-Maître, le Bibliothécaire, le Procureur, le Chien de cour. — ÉLÈVES, leur nombre. — Par qui nommés. — Conditions d'admission. — Trousseau. 79

CHAPITRE VII

ORGANISATION INTÉRIEURE.

Chambres des élèves, leur mobilier. — Les repas : couverts, linge, vaisselle. — Nourriture ; consommation du Collége année moyenne ; prix des denrées alimentaires en 1689. — Division des classes ; professeurs. — Peines corporelles. — Les *martinets*. — Règlement intérieur ; emploi de la journée. — Récréations, promenades, sorties. — Exercices religieux. — Distribution des prix. — Tragédie. 101

CHAPITRE VIII

ADMINISTRATION FINANCIÈRE.

État des recettes et des dépenses d'un collége au xviie siècle. — Traitement des employés, impôts, éclairage, chauffage, blanchissage; pain, vin, viande, beurre, sel, lard, etc. — Les locataires du Collége. — Augmentation que subissent les loyers entre 1689 et 1789. — La Régence. — Contributions patriotiques. 115

CHAPITRE IX

L'INSTITUT DE FRANCE.

Suppression de la Sorbonne. — L'Université disparaît. — L'instruction publique réorganisée. — Fondation de l'Institut de France; son installation dans les bâtiments du Collége. 129

APPENDICE

I. Acte de fondation du collége des Quatre-Nations. 141
II. Lettres patentes portant confirmation de la fondation du collége des Quatre-Nations 160
III. Arrêt d'enregistrement de l'acte de fondation du collége des Quatre-Nations et des lettres patentes qui le confirment. 164
IV. Lettres patentes portant règlement pour le collége des Quatre-Nations. 166
V. Règlement intérieur du collége des Quatre-Nations 176

I

FONDATION

I

FONDATION

TESTAMENT DE MAZARIN. — RÉALISATION DE DEUX IDÉES
DE RICHELIEU.
FONDATION DU COLLÉGE DES QUATRE-NATIONS.

Le 6 février 1661, douze médecins se réunissaient dans une des salles du palais Mazarin, et le célèbre Guénaud se chargeait d'annoncer au cardinal le résultat de la consultation [1]; c'était un arrêt de mort. Mazarin l'entendit avec calme. L'inquiétude des uns, la joie mal dissimulée des autres, tout lui avait fait comprendre déjà que le moment fatal approchait. Deux jours auparavant, une main restée inconnue avait

---

1. L. de Brienne, *Mémoires*, t. II, p. 114.

semé dans sa chambre des lettres de faire part préparées d'avance, et qui annonçaient son enterrement pour le 21 mars[1]. Enfin, deux coïncidences assez remarquables n'avaient certainement pu échapper au ministre dont Richelieu avait été le constant modèle : Richelieu était mort à cinquante-huit ans, Mazarin les avait atteints ; Richelieu avait gouverné la France pendant dix-huit ans, Mazarin entrait dans la dix-huitième année de son ministère. La Providence allait le forcer à continuer jusqu'au bout son rôle d'imitateur.

Mazarin manquait de cette foi chrétienne qui permet d'envisager la mort sans crainte et sans regret[2]. Une fortune très-réellement incalculable, un pouvoir presque sans limites, ce sont là des avantages terrestres dont il est difficile de se détacher. Le comte de Brienne nous a rapporté dans ses *Mémoires*[3] une scène fort curieuse, et qui prouve quel désespoir Mazarin cachait sous son calme apparent. Il nous le montre, déjà brisé par la maladie, se traînant, seul, dans les vastes galeries du palais Mazarin, jetant un regard désespéré

---

1. G. Patin, *Lettre* du 4 février 1661, à Falconet, édit. Reveillé-Parise, t. III, p. 320.

2. Voyez Mad. de Motteville, *Mémoires*, t. X, p. 185.— Choisy, *Mémoires*, p. 215.—Duchesse de Mazarin, *Mémoires*, édit. Saint-Réal, t. V, p. 8.—L. de Brienne, *Mémoires*, t. II, p. 115. — Mad. de Lafayette, *Histoire d'Henriette d'Angleterre*, p. 5.

3. T. II, p. 115 à 117.

sur les merveilles artistiques qu'il y avait réunies, et se désolant comme un enfant à l'idée de s'en séparer. La faiblesse, plutôt que la résignation, lui fit abréger cette triste visite, et il rentra dans ses appartements, bien décidé à abandonner une demeure qui offrait tant d'aliments à ses regrets. Dès le lendemain, il se faisait transporter au château de Vincennes [1].

Des préoccupations de la même nature l'y assiégèrent. Au moment de disposer de cette fortune qui va lui devenir inutile, il se sent arrêté par d'étranges hésitations, par de douloureux remords. Aujourd'hui, il avoue au roi qu'il a des sommes considérables déposées à Brissac et à Sedan ; le lendemain, il envoie demander deux millions au receveur des gabelles qui les lui refuse [2]. Les souffrances physiques se joignent aux tortures morales. Il a de continuelles suffocations ; son corps maigre, sec, exténué, décoloré, exhale une odeur affreuse [3]. Ses pieds enflent à tel point qu'il faut les lui envelopper dans la fiente de cheval [4], et sa

---

1. Aubery, *Histoire du cardinal Mazarin*, t. IV, p. 385. — Poncet de la Grave, *Tableau historique du château de Vincennes*, t. II, p. 119.

2. G. Patin, *Lettre* du 7 mars 1661, à Falconet, t. III, p. 336.

3. G. Patin, *Lettre* du 7 mars 1661, à Falconet, t. III, p. 335.

4. G. Patin, *Lettre* du 22 février 1661, à Falconet, t. III, p. 326.

faiblesse est si grande qu'on songe à le mettre au lait de femme [1].

Il a pourtant encore toutes les jouissances que peuvent donner la vanité et l'amour-propre satisfaits. La Cour, habituée à suivre tous ses mouvements, l'a accompagné à Vincennes ; il règne encore, et les flatteries ne lui manquent point. L'état de sa santé est le sujet de tous les entretiens ; Loret, dans sa *Gazette,* instruit religieusement le public de toutes les phases de cette maladie, qu'il présente comme si funeste à la France. S'il fallait l'en croire, dès le commencement de mars plus de trente mille personnes se seraient rendues

> .... au pié des Autels
> Demander la convalêcence
> De ce vray Miroir de Prudence,
> Qui seroit exempt du trépas,
> Si les Sages ne mouroient pas [2].

Mazarin qui est arrivé en France sans ressources vient de marier sa nièce, et lui a remis en dot douze cent mille écus d'argent comptant [3] ; il a

---

1. G. Patin, *Lettre* du 25 février 1661, à Falconet, t. III, p. 327.

2. Loret, *Mvze historiqve,* n° du 5 mars 1661.

3. Saint-Simon raconte qu'après la mort de celle-ci, dans un procès que le duc de Mazarin eut à soutenir contre son fils, il fut prouvé « en pleine grand'chambre » que, tout calculé, elle lui avait apporté vingt-huit mil-

donné à chacune des deux reines une poignée de diamants[1], il lui reste encore plus de cent millions. Comment oser disposer d'une pareille fortune, comment l'avouer même, dans un moment où la France est épuisée par une longue guerre, où le peuple est accablé d'impôts, écrasé sous les exactions et les corvées ? Puis, Colbert est là, d'un côté, qui, financier avant tout, voudrait faire rentrer ces biens dans les coffres de l'État ; d'un autre côté, c'est la religion, représentée par M. Joly, curé de Saint-Nicolas-des-Champs, celui-là hésite très-fort à lui donner les sacrements, il l'engage à restituer une fortune qui ne peut avoir été bien acquise.

Mais Mazarin est toujours le rusé négociateur qui a triomphé de la Fronde. Il connaît mieux que personne le caractère du roi, l'affection très-réelle qu'il porte à son ministre ; il se décide à jouer le tout pour le tout. Il appelle un notaire et fait un testament par lequel il institue le roi son

---

lions. On connaît, au reste, le mot du duc de Mazarin, héritier du cardinal et le plus étrange original qui ait jamais paru à la cour ; il était loin de nier l'origine illégitime des richesses qui lui étaient venues de Mazarin, et disait : « Je suis bien aise qu'on me fasse des procès sur les biens que j'ai eus de M. le cardinal. Je les crois tous mal acquis ; et du moins, quand j'ai un arrêt en ma faveur, c'est un titre, et ma conscience est en repos. » Voyez Saint-Simon, *Mémoires*, t. X, p. 278.

1. G. Patin, *Lettre* du 1er mars 1661, à Falconet, t. III, p. 329. — Voyez aussi une lettre sans date adressée à Spon, t. II, p. 458.

légataire universel[1]. Louis XIV était trop fier pour accepter un pareil don, il rend à Mazarin tous ses biens. Dès lors, leur origine est oubliée ; aux yeux des contemporains, le séjour qu'ils ont fait dans les mains royales a suffi pour les purifier : Mazarin peut désormais en disposer sans crainte.

Son testament révèle à la fois la jactance du méridional et la vaniteuse ostentation du parvenu. C'est ainsi qu'il lègue six cent mille livres tournois au pape, afin qu'il puisse lever une armée contre les Turcs, et qu'il donne à la couronne de France dix-huit gros diamants, sous la condition qu'ils porteront le nom du testateur : il veut qu'au Sancy, au Richelieu, aux cinq Médicis, aux quatre Valois, on ajoute les dix-huit Mazarins. Tout cela n'empêche pas qu'après sa mort, on trouve encore neuf millions dans le bois de Vincennes, cinq au Louvre, sept à la Bastille, huit à la Fère, quinze ou vingt à Brissac et à Sedan[2]. Un dernier sentiment de pudeur ou d'avarice l'avait empêché d'en disposer, et Colbert les fit remettre au trésor.

Quand Mazarin eut terminé son testament, toutes ses pensées se tournèrent vers l'accomplissement d'un projet qu'il caressait depuis longtemps en secret. Les mobiles qui l'avaient fait naître étaient toujours les mêmes : le désir de voir son nom con-

---

1. Aubery, *Histoire du cardinal Mazarin*, t. IV, p. 369.
2. L. de Brienne, *Mémoires*, t. II, p. 145.

servé par la postérité, et l'ambition d'égaler Richelieu.

Il poursuivit ce double but avec une inquiète et âpre persistance. Déjà, dix-huit années auparavant, réalisant une idée conçue par son prédécesseur, il avait ouvert sa bibliothèque particulière au public, et fourni ainsi à la France le premier modèle d'un établissement dont nos bibliothèques actuelles ne sont que l'imitation [1]. Son second projet était, en apparence, plus grandiose encore.

Il rêvait la fondation d'un collége exclusivement destiné à de jeunes gentilshommes nés dans les provinces conquises pendant son ministère. L'éducation devait y être aussi complète, et l'instruction aussi étendue que possible ; entièrement gratuite d'ailleurs : la générosité du fondateur devait pourvoir à tout.

Le nom l'embarrassait. Il flotta longtemps entre *Collége des conquêtes* et *Collége Mazarin*; il se décida enfin pour ce dernier. Il fit alors (6 mars 1661) appeler auprès de son lit Nicolas le Vasseur et François le Fouïn, notaires gardes-notes au Châtelet de Paris, et, avec une lucidité admirable, leur

---

1. Il n'y avait alors en Europe que trois bibliothèques publiques, et ces fondations étaient citées comme des exemples d'une magnificence et d'une générosité inouïes. C'étaient la bibliothèque Ambrosienne, fondée à Milan vers 1608 par le cardinal Borromée; la Bodleienne, à Oxford, ouverte en 1612; et la bibliothèque Angélique, qu'Angelo Rocca avait établie à Rome en 1620. Voyez A.-F., *Histoire de la bibliothèque Mazarine*, p. 15.

dicta l'organisation complète et minutieuse de l'établissement qu'il fondait.

Il devait être divisé en deux parties, un Collége et une Académie. Le Collége devait renfermer soixante écoliers, quinze d'entre eux originaires du territoire de Pignerol, quinze des États romains, quinze de l'Alsace, quinze de la Flandre, de l'Artois, du Hainaut et de la Sardaigne. Mazarin voulait que ces jeunes gens y reçussent une éducation toute française, espérant qu'ils en reporteraient ensuite dans leur famille tout l'esprit, avec des sentiments de reconnaissance pour leur nouvelle patrie [1]. L'Académie, destinée à compléter l'instruction reçue dans le Collége, était établie pour quinze élèves seulement, auxquels on eût enseigné l'équitation, l'escrime et la danse. Le droit de choisir les élèves devait appartenir à l'aîné de ceux qui porteraient le nom du fondateur. Le cardinal priait les douze plus anciens docteurs de Sorbonne de désigner quatre d'entre eux qui, sous le titre d'inspecteurs, seraient chargés de la haute surveillance du Collége et de l'Académie. Il ordonnait qu'au milieu des bâtiments s'élevât une chapelle,

---

1. Mercier envisage autrement cette idée : « Mazarin, dit-il, pensa pouvoir racheter les brigandages de son ministère en fondant une école publique où l'on enseigneroit à la génération nouvelle à respecter et à bénir son nom, si mal famé parmi ses contemporains. » *Tableau de Paris*, t. V, p. 140. — Mais voyez les *Lettres patentes* données par Louis XIV en juin 1665, *Recueil de la fondation*, p. 13; elles sont reproduites à la fin de ce volume.

où serait déposé son tombeau. De plus, il léguait à cette fondation sa bibliothèque, une des plus riches qui fût alors au monde, il réglait avec un grand soin toutes les mesures à observer pour en assurer la conservation, et exigeait qu'elle fût deux jours par semaine mise à la disposition du public. Enfin, il affectait une somme de deux millions à la construction de l'établissement, et lui assignait pour revenus annuels ceux de l'abbaye de Saint-Michel en l'Herm, alors de trente-quatre mille livres, et quarante-cinq mille livres de rente sur l'Hôtel de ville de Paris [1].

Toutes ces dispositions sont fidèlement calquées sur des idées de Richelieu. On sait qu'il fit bâtir l'église de la Sorbonne, et voulut que son corps y fût déposé. A l'égard de la bibliothèque, voici ce que Mazarin avait pu lire dans le testament de celui qu'il regardait avec raison comme son maître : « Mon dessein, dit-il, est de rendre ma bibliotheque la plus accomplie que ie pourray, et la mettre en vn estat, qu'elle puisse, non-seulement seruir à ma famille, mais encore au public..... Ie veux et entends que, moyennant mil liures d'appoinctement, le Bibliothaicaire soit tenu de conseruer ladite bibliotheque, la tenir en bon estat, et donner l'entrée à certaines heures de iour aux hommes de lettres et d'erudition, pour voir les

---

1. Voyez *Recueil de la fondation du college Mazarini*, passim.

liures, et en prendre communication dans le lieu de ladite bibliotheque, sans transporter les liures ailleurs[1]. »

Enfin, relativement à la fondation du Collége et

---

1. *Ordonnance de derniere volonté de monsieur le cardinal dvc de Richeliev, en forme de testament*, p. 20 et 21.—Ce testament contient encore sur ce sujet d'autres dispositions qui prouvent que Richelieu mérita réellement le titre de bibliophile; tous ses biographes ont cependant laissé cette tendance dans l'ombre. On lit à la suite du passage que nous venons de citer : « Et d'autant que pour la conseruation du lieu et des liures de ladite bibliotheque, il sera besoin de les nettoyer souuent, i'entends qu'il soit choisi par mondit neueu vn homme propre à cet effet, qui sera obligé de balayer tous les iours vne fois ladite bibliotheque, et d'essuyer les liures, ou les armoires dans lesquelles ils seront, et pour luy donner moyen de s'entretenir et de fournir les ballais, et autres choses necessaires pour ledit nettoyement, ie veux qu'il ait quatre cens liures de gages par an.... Et d'autant qu'il est necessaire pour maintenir vne bibliotheque en perfection d'y mettre de temps en temps les bons liures, qui seront imprimez de nouueau, ou ceux des anciens, qui y peuuent manquer, ie veux et ordonne qu'il soit employé la somme de mil liures par chacun an, en achapt de liures, par l'aduis des Docteurs, qui seront deputez tous les ans par la Sorbonne, pour faire l'inuentaire de ladite bibliotheque..... » Sur la bibliothèque de Richelieu, voyez : D. H. I, *Supplément aux antiqvitez de Paris* de Dubreuil, p. 56. — G. Brice, *Description de Paris*, t. I, p. 237. — Lomeir, *de Bibliothecis*, p. 309. — M. de Marolles, *Paris, ov description succincte de cette ville*, p. 42 et 45. — *Mercure de France* de janvier 1682. — *Nouvelle Biographie générale*, t. VI, p. 73; t. VII, p. 356; t. XIX, p. 146; t. XXIII, p. 896. — L. Jacob, *Traicté des Bibliotheqves*, p. 478, 480, 485 — Hugenius, *Epigrammata*, lib. VI. — Leprince, *Essai historique sur la Bibliothèque du Roi*, p. 42 et 349.—Tallemant des Réaux, *Historiettes*, t. II, p. 54.

de l'Académie, voici ce que nous trouvons dans un manuscrit conservé à la bibliothèque Mazarine, et intitulé : *Errection d'vne academye Royalle faicte par le Cardinal de Richelieu*[1]. « Comblé d'vne infinité d'honneurs, dignités et bien faicts dont la magnificence Royalle a daigné sans mesure recognoistre nos trauaux bien loing et au de la de leurs merites, Nous serions a jamais ingrat et vrayement indigne de ses faueurs, sy comme les grands fleuues renuoyent à locean les grandes eaues qu'ils en ont receues, nous ne rendions a son seruice et a l'utilité publicque une partie de ces mesmes bien faicts en les employant en despence, comme nous luy destinons auec ce qui nous reste de santé et de vie, digne de la memoire de son regne glorieux, grandeur et reputation en cette monarchie puissante. » En conséquence, voyant que la plupart des « dottations, seminaires et colleges, semblent seulement estre destinés aux jeunes gens de basse estoffe et condition roturiere, sans qu'on ayt pensé a en faire part a ceux qui portent les armes, » il dote de vingt-deux mille livres par an, à perpétuité, une académie, créée dans la rue Vieille-du-Temple, à Paris, et qui sera consacrée à l'éducation gratuite de vingt gentilshommes, choisis par lui, ou par ses héritiers.

Mais les calculs de Mazarin pour imposer son

---

1. Bibliothèque Mazarine, *manuscrits, in-folio*, n° $\frac{H}{1718}$.

nom à la postérité, et pour se placer sur la même ligne que Richelieu, furent inutiles. La Providence sembla s'étudier à les déjouer tous.

Richelieu repose sous les voûtes de la Sorbonne, mais le tombeau de Mazarin n'a pas encore été rendu à l'asile qui lui était réservé; il orne une galerie de sculpture, et la foule qui l'entoure admire le génie de l'artiste, sans que sa pensée remonte à l'homme et aux événements qui l'ont inspiré. — La bibliothèque Mazarine existe encore, mais qui connaît son passé? qui sait, aujourd'hui, que Mazarin créa, à ses frais, la première bibliothèque publique qu'ait eue la France?—Enfin, le nouvel établissement ne s'appela ni *Collége des Conquêtes*, ni *Collége Mazarin*. Après avoir été pendant cent ans le *Collége des Quatre-Nations*, il est aujourd'hui l'INSTITUT DE FRANCE, une fondation du premier consul!

II

CHOIX DE L'EMPLACEMENT

II

CHOIX DE L'EMPLACEMENT

DÉLIBÉRATIONS DES EXÉCUTEURS TESTAMENTAIRES.
PROJET DE COLBERT.
LE JARDIN DES PLANTES. — RÉCLAMATIONS DE L'UNIVERSITÉ.
LE PALAIS DU LUXEMBOURG. — L'HOTEL DE NESLE.

Mazarin avait désigné pour ses exécuteurs testamentaires le premier président Lamoignon, le surintendant Fouquet, Zongo Ondedei, évêque de Fréjus, Letellier et Colbert. L'intérêt que le roi paraissait prendre à la nouvelle fondation stimula leur zèle, ils se mirent aussitôt à l'œuvre.

Mazarin était mort le 9 mars ; dès le 20, une réunion avait lieu chez le premier président. Tous les exécuteurs testamentaires y assistaient ; ils s'étaient adjoint le duc de Mazarin, héritier du fondateur, et le chancelier Boucherat.

On délibéra avant tout sur le choix de l'emplacement, et le séjour de Nesle fut proposé. Quoique Mazarin n'eût rien fixé à cet égard dans son testament [1], le bruit s'était déjà répandu que le nouveau Collége serait élevé sur les terrains vagues dépendant de l'hôtel de Nesle. Dès le 9 mars, G. Patin l'écrivait à Falconet [2], et Colbert avait regardé sans doute la question comme résolue, car il déclara à ses collègues « qu'il y avoit desia eu commission du Conseil et commissaires nommez affin d'obliger les propriettaires des dernieres maisons et places situées à la pointe du Pré aux Clercs [3],

---

1. « L'établissement dudit College sera fait en la Ville, Cité ou Université, ou aux fauxbourgs de Paris. » *Recueil de la fondation du college Mazarini*, p. 6.

2. « On dit que ce collége sera bâti vis-à-vis les galeries du Louvre, sur le bord de la Seine. » G. Patin, *Lettre* du 9 mars 1661, t. III, p. 340.

3. Le Pré aux Clercs couvrait tout l'emplacement occupé de nos jours par les rues des Petits-Augustins, des Marais-Saint-Germain, du Vieux-Colombier, Jacob, de Verneuil, de l'Université, des Saints-Pères et Mazarine. C'était une vaste prairie coupée en deux parties d'inégale grandeur par la petite Seine, canal de quatorze toises de large, qui commençait à la rivière, coulait le long du terrain sur lequel s'élève la rue des Petits-Augustins, et allait remplir les fossés de l'abbaye Saint-Germain-des-Prés; ce canal fut comblé vers 1452. Le grand Pré aux Clercs appartenait déjà à l'Université au commencement du XIIIe siècle (voyez un règlement de 1215, et Dubreuil, *Théatre des Antiqvitez de Paris*, p. 385); le petit Pré aux Clercs lui fut cédé en 1368 par les religieux de Saint-Germain-des-Prés. Sous Henri IV, cet immense terrain, jusque-là consacré aux tumultueuses réunions des écoliers, commença à se couvrir de maisons, de couvents, d'hôtels; et de larges rues y furent percées.

du costé de la Grenouilliere[1], de rapporter leurs tiltres, affin d'en auoir remboursement[2]. » Cent ans auparavant, les mêmes formalités avaient eu lieu au même endroit par l'ordre de François Ier, qui songea un instant à y établir le Collége de France[3].

On trouva que Colbert s'était trop pressé, et son

---

[1]. Le quai de la Grenouillère occupait l'espace compris aujourd'hui entre la rue du Bac et le pont de la Concorde. Il était ainsi appelé, soit à cause des marais qui l'obstruaient, soit à cause des nombreux établissements où le peuple allait *grenouiller*. (« GRENOUILLER, ivrogner en buvotant dans de méchants cabarets et à la manière des gens de néant. » *Dictionnaire de Trévoux*, t. IV, p. 627.) En 1704, Louis XIV ordonna que ce quai serait revêtu de pierres de taille, et que l'on y ménagerait un trottoir de neuf pieds de large (Félibien, *Histoire de Paris*, t. IV, p. 414). Ces travaux furent commencés sous l'administration du prévôt des marchands Boucher d'Orçay ; le quai prit d'abord son nom, qui fut changé sous l'Empire en celui de quai Bonaparte.

[2]. *Registre des délibérations du conseil de la fondation du collége Mazarini*. Archives de l'Empire, MM, 462, p. 21.

[3]. Félibien, *Histoire de Paris*, p. 836 et 940. — G. Brice, *Description de Paris*, t. III, p. 43, et t. IV, p. 118. — Piganiol de la Force, *Description de Paris*, t. V, p. 381, et t. VIII, p. 190. Voici les termes mêmes de l'ordonnance royale : « Voulant donner toutes les commoditez necessaires aux lecteurs et aux professeurs pour vaquer à leurs lectures, avons résolu de leur construire en nôtre logis et place de Nesle, à Paris, un beau et grand college des trois langues, accompagné d'une belle et somptueuse église, avec autres edifices, dont les desseins ont été faits. Avons commis Audebert Catin pour tenir le compte et faire les payemens de la depense necessaire pour les susdits batimens. »

projet rencontra une vive opposition. Un membre proposa de construire les nouveaux bâtiments sur une place de neuf ou dix arpents qui était située entre les portes Saint-Jacques et Saint-Michel, et qui s'étendait vers le couvent des Chartreux[1]. Cette idée fut encore repoussée, et l'on se sépara sans avoir rien décidé.

A la séance suivante, le sieur Villedot, « intendant des œuvres de maçonnerie du roy, » soumit à l'approbation des exécuteurs testamentaires un nouveau projet tendant à placer la fondation de Mazarin, soit dans les bâtiments du collége du Cardinal-Lemoine[2], soit au jardin des Plantes. Le premier point fut aussitôt rejeté, « par la raison qu'il ne faut pas esteindre une fondation pour en establir une autre, » mais le second parut fort acceptable. Le jardin des Plantes était de création toute récente; Richelieu en avait eu la première

---

1. La porte Saint-Jacques faisait partie de l'enceinte de Philippe Auguste. Elle était située rue Saint-Jacques, entre la rue Saint-Hyacinthe et la rue des Fossés-Saint-Jacques. — La porte Saint-Michel fermait la rue de la Harpe à son extrémité méridionale; la fontaine qui vient d'être démolie pour la continuation du boulevard de Sébastopol, indiquait très-exactement sa place. La porte Saint-Jacques et la porte Saint-Michel furent détruites en 1684. — Enfin, le couvent des Chartreux s'élevait à l'endroit où commence la dernière moitié du jardin actuel du Luxembourg, et il s'étendait le long de la rue d'Enfer.

2. Le collége du Cardinal-Lemoine était situé rue Saint Victor, un peu au-dessus du séminaire Saint-Nicolas-du-Chardonnet.

pensée[1], Mazarin avait beaucoup contribué à l'agrandir, et il offrait alors une étendue de vingt arpents. Fouquet se chargea de demander l'agrément du roi, et Louis XIV arrêta que le jardin des Plantes serait transporté au bois de Vincennes[2].

Le débat semblait donc vidé, quand deux adversaires survinrent. C'était d'abord Vallot, premier médecin du roi[3], il obtint que le jardin des Plantes ne serait pas déplacé. C'était ensuite le recteur de l'Université, celui-ci déclara qu'il ne souffrirait point que le Collége fût construit en dehors des limites de l'Université.

Les exécuteurs testamentaires durent s'incliner. L'opposition de Vallot n'était pas décisive, car on aurait pu agir encore sur l'esprit du roi ; mais le recteur s'était exprimé très-énergiquement, et il était tout à fait dans son droit.

L'Université ou le « Païs latin, » comme l'appelait déjà Balzac[4], formait une des divisions offi-

---

1. Les lettres patentes de la fondation sont du 15 mai 1635.
2. *Registre des délibérations du conseil de la fondation du collége Mazarini*. Archives de l'Empire, MM, 462, p. 23.
3. Antoine Vallot fut nommé médecin du roi en 1652, à la mort de Vautier; s'il faut en croire Guy Patin, il avait dû acheter cette charge 30,000 livres qui furent payées à Mazarin. Vallot était directeur du jardin des Plantes, il y introduisit de grandes améliorations, et ce fut là qu'il mourut en 1671.
4. Voyez encore G. Patin : « J'ai été aujourd'hui au pays latin, qui est l'Université. » *Lettre* du 24 mai 1650, à Spon, t. II, p. 15.

cielles de la capitale. Jusqu'à la Révolution, elle est, sur les actes publics comme sur les plans, partagée en quatre sections : la Cité, la Ville, l'Université et les Faubourgs [1]. Chacune de ces sections avait ses limites très-nettement déterminées; celles de l'Université avaient même été, sous Philippe Auguste, entourées de murailles. Au nord, elle était bornée par la Seine, depuis la porte Saint-Bernard jusqu'au domaine de Nesle; à l'est par les portes Saint-Victor, Saint-Marcel, Saint-Jacques et Saint-Michel; enfin, à l'ouest, par les portes Saint-Germain, de Buci et de Nesle [2]. Le collége des

---

1. Cette division n'était pas purement arbitraire, elle était tout indiquée par le cours de la Seine. Palma Cayet écrivait, quelques années seulement avant l'époque qui nous occupe : « Paris est divisé comme en trois villes par la riviere de Seine qui passe au milieu. La partie qui est à la main dextre dans l'Isle de France se nomme la Ville, et de ce costé est Sainct-Denis et le bois de Vincennes. L'autre partie, qui est à gauche de ladicte riviere, est nommée l'Université; et la troisiesme partie, qui est une isle entre la Ville et l'Université, dans laquelle sont les deux magnifiques bastiments de la grande église Nostre-Dame et du Palais Royal, où se tient la Cour de Parlement, siege des Pairs de France, se nomme la Cité. » *Chronologie novénaire,* livre II.

2. La porte Saint-Bernard était placée à l'extrémité du quai de la Tournelle, et avait pris son nom de la proximité du collége des Bernardins. Henri IV la fit rebâtir en 1606, elle fut démolie en 1670, et reconstruite en 1674 sur les dessins de Blondel. — La porte Saint-Victor était située rue Saint-Victor, entre les rues des Fossés-Saint-Victor et des Fossés-Saint-Bernard. Élevée vers l'an 1200, pour compléter le système de clôture ordonnée par Philippe Auguste, elle fut réédifiée en 1570, et abattue en 1684. —

Quatre-Nations devant être agrégé à l'Université, ne pouvait être bâti hors de ces limites ; le choix des exécuteurs testamentaires se trouva donc considérablement restreint.

On songea alors à acheter un pâté de maisons qui se trouvait entre la rue de Sorbonne et la rue des Maçons, puis enfin, à commencer les constructions sur une petite place située entre le collége de Lisieux [1] et Sainte-Geneviève ; l'espace

---

La porte Saint-Marcel avait aussi fait partie de l'enceinte de Philippe Auguste, et datait également de l'an 1200. Elle s'appela d'abord porte Bordelle, du nom de la rue à l'extrémité de laquelle elle était placée. Elle touchait au bourg Saint-Marcel, situé alors hors de Paris. Elle fut démolie en 1683. — La porte Saint-Germain s'élevait rue de l'École-de-Médecine, entre la rue du Paon et la cour du Commerce, à l'endroit précis où se trouve aujourd'hui une fontaine. Dans l'origine, elle s'appelait porte des Cordèles (des Cordeliers) ou des Frères-Mineurs, parce qu'elle était près du couvent de ces religieux ; elle garda ce nom jusqu'en 1350, et fut abattue en 1673. — La porte de Buci fermait la rue Saint-André-des-Arts, à la hauteur de la rue Contrescarpe. En 1209, avant même qu'elle fût achevée, Philippe Auguste la vendit aux religieux de l'abbaye de Saint-Germain, et elle s'appela porte Saint-Germain. Elle doit son autre nom à Simon de Buci, premier président au parlement de Paris, à qui les religieux de Saint-Germain la cédèrent. Elle fut détruite en 1672. — La porte de Nesle était située sur l'emplacement qu'occupe aujourd'hui la première cour du palais de l'Institut. Bâtie en 1200, elle s'appela primitivement porte Philippe-Hamelin. Elle était contiguë à la tour. — Nous ne pouvons ici qu'indiquer la situation de chacune de ces portes ; pour les détails, voyez dans Dubreuil, *Théatre des Antiqvitez de Paris,* p. 768, le chapitre intitulé : *Des Portes de l'Vniuersité, tant anciennes que modernes.*

1. Le collége de Lisieux était situé rue Saint-Jean-de-

libre n'était que de deux arpents, mais on pouvait, pour établir les cours, exproprier quelques vieilles maisons de la rue de l'Estrapade.

Colbert laissait discuter tous ces projets, mais sans perdre le sien de vue. Au mois de décembre 1661, il fit consulter l'architecte du roi, Levau, qui construisait alors la partie du Louvre élevée sur les jardins de l'Infante. Levau proposa de « bastir le Collége proche la porte de Nesle, vis-à-vis le Louure, au quel lieu on pourroit faire une place publique, qui serviroit d'ornement à l'aspect du Louure[1]. »

De guerre lasse, les exécuteurs testamentaires allaient céder, lorsqu'on leur remit une protestation du prévôt des marchands. « Il est à craindre, disait-il, que ceste aduance de la demy lune, venant à etrecir le canal de la Riuiere en cest endroit, uis-à-uis duquel la pluspart des batteaux sont à l'encre, ne porte preiudice à la navigation et au commerce, et que dans les grands desbordemens, lorsque les glaces viennent à rompre en hyuer, que les batteaux n'en soient endommagés, que le Louure mesme n'en reçoive des incommodités. Et que cela estoit d'assez grande importance

---

Beauvais. Il touchait au collége des Cholets, dont l'entrée était rue Saint-Jacques et la face droite rue Saint-Étienne-des-Grés.

1. *Registre des délibérations du conseil de la fondation du collége Mazarini.* Archives de l'Empire, MM, 462, p. 38.

au public pour se donner le temps d'examiner ces inconvenients [1]. »

Tout se trouva dès lors remis en question. Il y avait un an et demi que l'on discutait, et l'on n'était pas plus avancé que le premier jour. Les exécuteurs testamentaires commençaient à être fort embarrassés, quand en juin 1662, le duc de Mazarin proposa d'établir le Collége dans les bâtiments du Luxembourg, alors palais d'Orléans ; il allait être mis en vente, et on pouvait l'avoir pour onze à douze cent mille francs [2]. Cette nouvelle fut accueillie avec enthousiasme, et le projet aussitôt soumis au roi.

Mais, dans l'intervalle, Levau avait dressé un plan qui représentait le Collége construit sur les terrains de Nesle ; la chapelle s'élevait au milieu

---

1. *Registre des délibérations du conseil de la fondation du collége Mazarini.* Archives de l'Empire. MM, 462, p. 54. Une autre protestation, conçue d'après les mêmes idées, se trouve à la bibliothèque de l'Institut, cartons de Godefroy, portefeuille n° 190. Elle a été publiée par M. de Laborde dans la *Revue de l'Architecture*, année 1847, p. 4 et suiv.

2. Dans une transaction qui eut lieu le 26 mai 1646 entre Louis XIV et Gaston, le Luxembourg, dix-huit arpents de terre sis au Mont-Parnasse, et quelques autres domaines qui avaient été constitués en dot à Marie de Médicis, furent estimés 1,800,000 livres. Plus tard, le Luxembourg fut cédé, moyennant 500,000 livres, à Anne-Marie-Louise d'Orléans, duchesse de Montpensier ; c'était en réalité l'estimer un million, car la duchesse était déjà, en vertu de ses droits personnels, propriétaire de la moitié du fonds.

d'une vaste place demi-circulaire, et le portail se trouvait faire face à celui du Louvre. Cette dernière considération avait paru toucher beaucoup Louis XIV ; aussi, quand on lui parla du Luxembourg, éleva-t-il d'abord quelques objections fondées sur la dépense qu'entraînerait l'appropriation des bâtiments. Il déclara ensuite que ce palais étant MAISON ROYALE [1], un collége ne pouvait y être établi, et finit par ordonner l'adoption du projet de Colbert et des plans de Levau.

L'hôtel de Nesle faisait partie de l'enceinte de Philippe Auguste ; et, dans l'origine, il couvrait tout le terrain aujourd'hui circonscrit par le quai Conti, la rue Mazarine et la rue Guénégaud. Peu d'endroits dans Paris ont eu une histoire plus fertile en événements.

En 1308, Amaury de Nesle le vendit à Philippe le Bel moyennant « cinq mille bons petits parisis [2]. » Devenu la propriété de Philippe le Long, il passa à Jeanne de Bourgogne, sa femme, et c'est à elle que la tradition attribue les crimes qui ont rendu fameuse la tour de Nesle. On raconte qu'elle appelait les jeunes gens qui passaient sous ses

---

1. Le palais du Luxembourg avait été bâti par Marie de Médicis. Le 2 avril 1602, elle acheta pour 90,000 livres l'emplacement et les constructions légères qui le couvraient. Les travaux commencèrent en 1615 et furent achevés en 1620. Marie de Médicis légua ce palais à Gaston de France, son second fils.

2. Félibien, *Histoire de la ville de Paris*, p. 522.

fenêtres, se donnait à eux, les retenait toute la nuit, et le lendemain matin les faisait jeter dans la Seine. Brantôme n'ose pourtant affirmer le fait ; il parle bien d'une « reyne qui se tenoit à l'hostel de Nesle à Paris, laquelle faisoit le guet aux passans, et ceux qui lui revenoient et agréoient le plus, de quelque sorte de gens que ce fussent, les faisoit appeler et venir à soy ; et, après en avoir tiré ce qu'elle en vouloit, les faisoit précipiter du haut de la tour, qui paroist encor, en bas en l'eau, et les faisoit noyer ; » puis il ajoute : « Je ne puis dire que cela soit vray, mais le vulgaire, au moins la pluspart de Paris, l'affirme ; et n'y a si commun, qu'en luy monstrant la tour seulement, et en l'interrogeant, que de luy-mesme ne le die [1]. » Le poëte Jean Second, dans une pièce de vers qu'il a consacrée à l'hôtel de Nesle, est beaucoup plus affirmatif que Brantôme [2] ; et Villon appuie son assertion dans ces trois vers :

> Semblablement ou est la Royne
> Qui commanda que Buridan
> Fut jetté en ung sac en Seine [3].

Mais le témoignage le plus important et le plus

---

1. Brantôme, *Vies des Dames galantes*, discours II, article 2, *de l'Attouchement en amour*.
2. Bayle, *Dictionnaire historique*, au mot BURIDAN, note A.
3. Villon, *Ballade des Dames du temps jadis*, 2ᵉ strophe, p. 24.

précis est celui de Robert Gaguin, qui écrivait, comme Villon, au XVIe siècle. Après avoir parlé des débauches auxquelles se livraient les trois princesses épouses des trois fils de Philippe le Bel, il ajoute que ces désordres donnèrent naissance à une tradition injurieuse pour Jeanne de Navarre, femme de Philippe IV. On prétend, dit-il, que cette reine recevait des écoliers dans son lit; et pour effacer toute trace de ce crime, les faisait jeter dans la rivière par la fenêtre de sa chambre. Un seul de ces écoliers, Jean Buridan, échappa par hasard à ce supplice, et ce fut en souvenir du danger qu'il avait couru qu'il publia ce sophisme : « Ne craignez pas de tuer une reine si cela est nécessaire. » Gaguin défend avec raison Jeanne de Navarre de l'accusation qu'on lui imputait alors; car, quand cette princesse mourut, en 1304, Buridan venait de naître. Il croit que ces crimes doivent être attribués à trois autres princesses, Marguerite de Bourgogne, femme de Louis le Hutin, Blanche qui avait épousé Charles le Bel et Jeanne de Bourgogne, épouse de Philippe le Long. Elles ont à cet égard des droits égaux, car toutes trois furent emprisonnées comme coupables d'adultère ; mais c'est sur la mémoire de Jeanne de Bourgogne que la tradition a fait peser cette terrible accusation de luxure suivie d'assassinat. Jeanne de Bourgogne, en effet, déjà décriée par ses débauches, était contemporaine de Buridan, l'hôtel de Nesle lui appartenait, et c'est là qu'elle passa les huit années de son veuvage[1]. Elle y mourut en 1329, et ordonna par testament qu'une partie de ce domaine serait vendu et le prix affecté à la construction d'un collége où seraient élevés de pauvres écoliers nés dans le comté de Bourgo-

---

[1]. Voici le texte du curieux passage que nous venons d'analyser. Nous le transcrivons d'après l'édition publiée à Paris en 1504 par Jean Petit, car dans la plupart des éditions postérieures on a retranché tout ce qui est relatif au crime dont Jeanne de Bourgogne est accusée : *Fuerunt quoque insignibus fœmineis sua fata. Nam vxores filiorum Philippi tres adulterii insimulate sunt. Quamobrem Margaretha Ludouici Huthini Nauarri regis coniunx, et Blanca Caroli comitis Marchiani vxor regis edicto in castello Galliardi relegate sunt; quarum libido satis in aperto erat. Iohanna vero Philippo Pictauiensi nupta postquam apud Dordanum in custodia aliquot diebus fuit, innocens liberata est, et uiro restituta. Hostiarius Margarite adulterii conscius furca appensus est. Stupratores autem Philippus et Galterus Dannoy fratres (mentulis exsectis) pelle nudati apud Pontisaram ultimi supplicii pœnas subierunt. Ob hanc impudicitiam insignium mulierum natam fabulam reor, quæ de Iohanna Philippi Pulchri vxore a rerum imperitis memorari solet. Eam videlicet aliquot scholasticorum concubitu vsam, eosque (ne pateret scelus) protenus extinxisse et in Sequanam amnem de cubiculi sui fenestra abiecisse. Sed vnum tantum Iohannem Buridanum eo periculo forte liberatum; et propterea sophisma ab eo editum esse : Reginam interficere nolite timere, bonum est. Fuit siquidem Buridanus Iohanna posterior. Quippe qui Philippo Valesio regnum moderante cum liberalium artium nominatissimus professor esset multa et in rationabili et morali philosophia scripsit dum Parisinæ ecclesiæ Fulco præsidebat, anno Christianæ resurrectionis M.CCCXLVIII. Nec commeruit præclara mulier huiusmodo diuicio taxari.* Compendium Roberti Gaguini super Francorum gestis, Parisiis, Jehan Petit, 1504, in-folio; liber VII, f° LXX.

gne[1]. Bayle prétend qu'elle leur devait bien cette réparation.

Pendant l'emprisonnement du roi Jean, le régent Charles donna l'hôtel de Nesle à son beau-frère (1357), sous la condition que si ce prince mourait sans enfant, l'hôtel reviendrait à la Couronne[2]. Aussi, voyons-nous Charles VI le donner en 1380 au duc de Berry, son oncle. Celui-ci, s'y trouvant trop à l'étroit, acheta, en 1385, sept arpents situés au delà du fossé de Nesle, et qui s'étendaient jusqu'à la porte Buci[3]; il y installa ses écuries, et les réunit au domaine principal par un pont de quatre arches jeté sur le fossé. Du vivant même du duc de Berry, ces écuries furent détruites ; et le terrain qu'elles couvraient, vendu à des particuliers, fut transformé en près et terres labourables. Le duc de Berry n'ayant pas laissé d'enfants, Charles VII put, par lettres patentes du 24 mai 1446, donner l'hôtel de Nesle à François I*er*, duc de Bretagne, en considération des services qu'il lui avait rendus pendant la guerre contre les Anglais[4]. Le duc mourut sans postérité, et

---

1. Crevier, *Histoire de l'Université de Paris*, t. II, p. 280. — R. Gaguin, *Compendium super Francorum gestis*, f° LXXI. — Malingre, *Antiquitez de Paris*, p. 321.

2. Piganiol de la Force, *Description de Paris*, t. VIII, p. 188.

3. P. de Sainte-Foix, *Essais sur Paris*, t. I, p. 185.

4. Félibien, *Histoire de la ville de Paris*, t. III, p. 561.

l'hôtel fut alors donné (1460) au duc de Charolais, fils aîné du duc de Bourgogne.

Le démembrement commença sous Henri II. En 1552, il ordonna que « la maison, place, pourpris et tenue du grand Nesle, ainsi qu'elle se poursuit et comporte » fussent mis hors de son domaine, puis « vendus à la charge de cens et rentes, portant lods et ventes au profit du roi[1]. » Une autre partie de ces terrains fut aliénée par Charles IX en septembre 1570 « pour employer les deniers qui en proviendroient à payer et renvoier les reistres, suisses et autres troupes étrangères.[2] »

Le duc de Nevers acheta ce lot en entier et y fit bâtir un hôtel qui conserva longtemps une réputation méritée d'élégance. Les princesses de la maison de Nevers-Gonzague l'ont rendu célèbre. C'est là que Henriette de Clèves, duchesse de Nevers, pleura la mort de Coconas, son amant, décapité en 1574, et dont elle conservait près de son lit la tête embaumée[3]. Soixante ans après, Marie de Gonzague, petite-fille de Henriette, pleurait dans la même chambre la mort tragique de son amant Cinq-Mars ; ce qui ne l'empêcha pas, d'ailleurs, d'épouser ensuite successivement deux rois de Pologne. En 1641, elle fit démolir cet hôtel

---

1. Piganiol de la Force, *Description de Paris*, t. VIII, p. 191.

2. Félibien, *Histoire de la ville de Paris*, p. 1129.

3. *Mémoires de Nevers*, t. I, p. 57.

et obtint des lettres patentes qui l'autorisaient à vendre l'emplacement à des particuliers pour y bâtir des maisons et y percer des rues[1]. Henri de Guénégaud fut le principal acquéreur, il fit construire par François Mansart un riche hôtel auquel il donna son nom, ainsi qu'à la rue qui fut ménagée à droite des nouveaux bâtiments. L'hôtel de Guénégaud devint bientôt le séjour le plus brillant de Paris, Boileau y lut ses premières satires, et Racine ses premières tragédies. Dans les dépendances de cette splendide habitation se trouvait l'hôtel Sillery qui fut habité par Gourville, le célèbre intendant du duc de La Rochefoucault. En 1670, l'hôtel de Nevers fut acheté par la princesse de Conti, et cette famille le conserva jusqu'en 1750, époque où il fut cédé à l'État moyennant cent soixante mille livres. Après de longues hésitations, il fut démoli en 1768 pour faire place à l'hôtel des Monnaies.

A l'époque qui nous occupe, le domaine de Nesle avait donc perdu déjà beaucoup de son étendue primitive : la partie orientale subsistait presque seule. Callot nous a conservé l'aspect que présentait le reste des bâtiments à la fin du règne de Louis XIII, et aucune modification n'avait eu lieu jusqu'au moment où les exécuteurs testamentaires de Mazarin le choisirent pour y établir le collége

---

[1]. Jaillot, *Recherches critiques sur la ville de Paris*, quartier Saint-Germain-des-Prés, p. 54.

des Quatre-Nations. Le domaine de Nesle se composait alors d'un édifice flanqué de deux tours, entre lesquelles s'ouvrait la porte de la ville ; on y arrivait à travers le pré, très-large à cet endroit, par un pont formé de quatre arches. La tour de Nesle, située à quelques mètres et au nord de cette porte, était ronde, très-élevée et accouplée à une seconde tour plus haute, moins grosse et qui contenait l'escalier à vis.

Ces derniers vestiges du vieil hôtel de Nesle allaient eux-mêmes disparaître ; et nous verrons les exécuteurs testamentaires de Mazarin ordonner encore la démolition de plusieurs maisons élevées sur les portions de terrains qui en avaient été détachés et sur le territoire de l'ancien Pré aux Clercs.

III

CONSTRUCTION

III

CONSTRUCTION

ACHAT DES TERRAINS. — INDEMNITÉS ACCORDÉES A LA VILLE DE PARIS
ET AUX PERSONNES EXPROPRIÉES.
PLAN GÉNÉRAL DE LEVAU. — TRAITEMENT DES ARCHITECTES.
ESTIMATION DES DÉPENSES.
B. CELLINI A L'HOTEL DE NESLE.

L'EMPLACEMENT choisi, il fallait l'acquérir ; et, ici encore, on dut faire appel à l'autorité du roi.

La superficie jugée nécessaire pour l'établissement du nouveau Collége était d'environ trois mille huit cents toises. Levau s'entendit avec le prévôt des marchands et les échevins, et le prix d'achat de chaque toise de terrain fut fixé à cent vingt-sept livres dix sols. Cette estimation ne portait d'ailleurs que sur le sol nu, le prix des lots sur lesquels s'élevaient des constructions devait être discuté à part, et le montant des indemnités réglé de gré à gré avec les propriétaires.

La ville de Paris se présenta la première. Le roi lui avait donné les fossés de Nesle, sous la condition qu'elle remplacerait l'ancienne porte qui menaçait ruine, et qu'elle continuerait le quai jusque-là [1]. Le prévôt des marchands ne demandait

---

1. Ces sortes de conventions étaient assez fréquentes. Au commencement du règne de Louis XIV, les fossés et les murailles de Paris se trouvaient dans un état de dégradation qui les rendaient inutiles. Le 7 juillet 1646, le prévôt des marchands obtint du roi des lettres patentes qui accordaient à la ville ces anciennes fortifications pour y établir des rues et construire des maisons. On commença par démolir les murailles et combler les fossés du côté de l'Université; mais les événements politiques firent suspendre ces travaux, et le roi, dans la suite, s'appropria ces emplacements. — La cession dont il est ici question avait été faite en mai 1659. L'hôtel de Nesle dépendait de le censive de Saint-Germain-des-Prés, et les rois s'en déchargeaient volontiers, afin de ne pas payer la rente dont il était grevé. Le petit Nesle avait déjà été donné par François Ier au prévôt des marchands; mais un passage des *Mémoires* de B. Cellini nous montre le cas qu'à cette époque la ville de Paris pouvait faire des donations royales ; « J'appris ensuite au roi, dit Cellini, que j'avais trouvé un emplacement qui me semblait convenir parfaitement à nos travaux. — Cet endroit, continuai-je, se nomme le Petit-Nesle et appartient à Votre Majesté, qui l'a cédé au prévôt de Paris ; mais comme celui-ci ne l'utilise point, Votre Majesté peut me le donner à moi qui en tirerai bon parti pour son service. » — « Ce château est à moi, répliqua le roi, et je sais très-bien que celui à qui je l'ai laissé ne l'habite point. Ainsi, prenez-le donc pour vos travaux. » — Et aussitôt il enjoignit à un de ses lieutenants de m'en mettre en possession. Cet officier lui représenta que cela était impossible ; mais le roi se fâcha

pas mieux que d'abandonner le terrain aux exécuteurs testamentaires, mais il en voulait cent soixante et onze mille trois cent quatre-vingt-dix-huit livres, et Colbert en offrait cent vingt mille livres seulement. Après de longues discussions, la ville fut dispensée d'exécuter les travaux qui, aux termes de la donation, avaient été mis à sa charge; et, en retour, elle accepta la somme fixée par Colbert. Celle-ci fut payée comptant à Nicolas Boucot, receveur des domaines et octrois de la ville de Paris [1].

Le marquis de Coislin se conduisit en grand seigneur, on lui donna seize mille livres qu'il reçut sans compter. Mais M. de Guénégaud lésina longtemps; il possédait dans les fossés un espace de quatre cents toises, et prétendait vendre chaque toise deux cent cinquante livres; il demandait en outre une forte indemnité pour la grosse tour de Nesle, qui allait être démolie. Louis XIV intervint;

---

et déclara qu'il entendait donner son bien à qui bon lui semblait, et surtout aux gens qui travaillaient pour lui; que ce château ne servait à rien, et enfin qu'il voulait qu'on ne lui parlât plus de cela. Le lieutenant ajouta qu'il faudrait employer un peu de force. — « Allez, allez, s'écria le roi, et si un peu de force ne suffit pas, employez-en beaucoup. » Le lieutenant me conduisit alors au Petit-Nesle, et fut en effet obligé d'employer la force pour m'y installer. » *Mémoires de Benvenuto Cellini*, traduits par L. Leclanché, p. 287.

1. *Registre des délibérations du conseil de la fondation du collége Mazarini.* Archives de l'Empire, MM, 462, p. 48 à 59.

M. de Guénégaud courba la tête, laissa chaque toise pour cent vingt livres et accepta en payement une rente de quinze cents livres.

On donna encore vingt-deux mille deux cents livres « à Jean Rupalley, bourgeois de Paris, » et dix mille deux cent douze livres à l'architecte Lambert, tous deux propriétaires de « places vaines et vagues de l'ancien fossé et porte de Nesle, contrescarpe et fossé d'icelle. »

Le garde-clef de la porte de Nesle, Estienne Leguay, reçut une indemnité de huit cents livres pour « son logement et charge de portier. » Les échoppes qui existaient au pied de la tour appartenaient à la ville. Depuis quarante ans elles étaient louées à Magdeleine Gruin, veuve de Guillaume Sachet « premier vallet de chambre de la reyne Marguerite [1], » elle les sous-louait à de petits artisans et se faisait ainsi un revenu de mille deux cent quatre-vingt livres ; une indemnité de douze mille livres lui fut accordée.

Les maisons bâties aux environs de la porte de Nesle et qui durent être achetées par les exécuteurs testamentaires, avaient, du reste, peu de valeur. La plus chère fut payée trente-quatre mille livres, elle faisait le coin de la rue de Seine et du quai, et appartenait à François Popineau, procureur au Parlement. Une autre, située petite rue de

---

1. Sans doute Marguerite de Navarre, première femme de Henri IV, morte en 1615.

Nesle[1], fut achetée trente mille livres à Pierre Ariste, « premier commis de M. de Brienne, cy devant secrétaire d'Estat[2]. » On donna trente-cinq mille livres à l'avocat Jean Mingot, pour six maisons « faisans l'ancoignure de la rüe du fossé de la porte de Nesle et de la rue de Seine. » On accorda encore onze mille livres à Marie Petit, veuve de Christophle Cruchet, juré porteur de charbon[3]; vingt mille livres à Jean Onfroy, « conseiller secrétaire du roy; » douze mille livres à Geneviève Jeallin, veuve de Jean le Comte, « fourrier des cent-suisses de la garde du roy; » et neuf mille cinq cents livres à André Maurice, « sergent à verge au Chastelet; » tous quatre possédaient des bâtiments sur le quai Malaquais. Bernard du Bus, « marchand espicier, » reçut dix mille cinq cents livres pour une maison « scize au coing de la petite rue de Nesle. » Nous trouvons encore vingt-six mille livres accordées à Antoine Tournaire, « scellier; »

---

1. La petite rue de Nesle occupait le retour d'équerre qui va de l'extrémité de la rue Mazarine à la rue de Seine. Elle conduisait à la porte de Nesle.

2. Henri-Auguste de Loménie, comte de Brienne; il était encore ministre des affaires étrangères pendant la minorité de Louis XIV.

3. Il y avait alors, devant le quai de Nesle, un dépôt de charbon. On le vendait à la voie; chaque voie contenait seize boisseaux; et le prix, dans l'espace de cent ans, varia entre 4 et 5 liv. L'usage était de donner 5 ou 6 sols au porteur. Il existait deux autres ports pour le charbon, l'un à la porte Saint-Bernard, l'autre devant la Grève.

dix-huit mille livres à Claude Robert, serrurier ; et sept mille livres à Esloy Antheaume, marchand chandelier, dont les maisons étaient situées petite rue de Nesle [1].

En somme, les dépenses faites pour l'achat du terrain, les expropriations et les diverses indemnités, s'élevèrent à cinq cent soixante-quatorze mille cinq cents livres [2].

On commença aussitôt les constructions. Le plan de Levau ayant été adopté, ce fut lui qui fut chargé d'en diriger l'exécution. Deux autres architectes de mérite, Lambert et Dorbay, furent placés sous ses ordres et conduisirent les travaux. Un arrêté des exécuteurs testamentaires fixa à trois mille livres les honoraires de Levau, qui devaient lui être payés « par chacun an, tant et sy long temps qu'il seroit employé pour conduire et controller les bastimens de la fondation [3]. » Lambert et Dorbay recevaient seulement douze cents livres [4].

Nous avons dit déjà en quoi consistait le plan de Levau. La façade du Collége devait former une place demi-circulaire ; au centre s'élevait le portail

---

1. *Compte rendu par M. Mariage, trésorier du college Mazarinj de la recepte et despence des reuenus dudit college.* Archives de l'Empire, H, 2822.

2. *Registre des délibérations du conseil de la fondation du college Mazarini.* Archives de l'Empire, MM, 462, p. 77.

3. *Compte rendu par M. Mariage,* etc., H. 2822.

4. *Journal de la despence qui est faite par M. Mariage pour le college Mazarinj.* Archives de l'Empire, H, 2824.

de la chapelle, il faisait face au Louvre et se trouvait dans l'axe de la porte que Levau venait de construire. Enfin, deux pavillons massifs arrêtaient les limites de la placc. On a prétendu que le cardinal les avait fait bâtir « pour masquer la vue de l'hôtel Conti, qui occupait l'emplacement que couvre aujourd'hui l'hôtel des Monnaies, aussi les nommoit-on *pavillons de la vengeance*[1]. » Il y a deux bonnes raisons pour qu'il n'en ait pu être ainsi : d'abord Mazarin fut tout à fait étranger au choix de l'emplacement, nous l'avons suffisamment démontré, et ensuite les bâtiments qui composaient l'hôtel Conti ne prirent ce nom qu'en 1670[2], c'est-à-dire plus de dix ans après que le plan du collége des Quatre-Nations eût été adopté.

Dès l'origine, le pavillon occidental, où l'on avait eu l'intention d'établir le manége et les salles d'escrime et de danse[3], porta le nom de *Pavillon*

---

1. P. Villiers, *Manuel du voyageur à Paris, ou Paris ancien et moderne*, p. 267.

2. Voyez ci-dessus, p. 32.

3. Mercier, *Tableau de Paris*, t. V, p. 140.—Ni le manége ni les deux salles ne furent construits, quoique Mazarin en eût formellement ordonné l'exécution. Voyez le chapitre V.—Michel de Marolles, qui écrivait avant l'achèvement des travaux (1677), dit dans son poëme sur Paris :

> De quatre nations, on a fait le College
> Naissant des volontez de monsieur Mazarin :
> Le fond de sa depence a coûté maint florin ;
> On y doit faire ensuite un celebre maneige.

M. de Marolles, *Paris ov description svccincte et neantmoins assez ample de cette grande ville*, § XXXVIII, p. 9.

des arts, qu'il conserva jusqu'à la Révolution. L'autre fut appelé *Pavillon de la Bibliothèque;* il fut bâti le dernier et marque très-exactement l'endroit où se trouvait la fameuse tour de Nesle, car la cage de l'escalier qui conduit à la Bibliothèque a été construite sur l'emplacement de la grande porte [1].

Les travaux marchèrent fort lentement. En 1664, rien n'était arrêté encore pour la distribution intérieure des logements; car l'architecte, accompagné de M. Mariage [2], alla visiter le collége Saint-Lazare, dit séminaire Saint-Charles, qu'il voulait prendre pour modèle.

Quant aux dépenses, d'après un devis dressé par Levau lui-même, voici comment elles devaient se répartir :

---

1. *Certum fuit ædificare collegium in loco vacuo et libero cujusmodi erant fossæ quibus prope ripam Sequanæ Urbem munientibus imperabat turris dicta de Nesle; atque hic ubi tunc temporis surgebat Turris hæc, nunc surgit ædificium Bibliothecæ.* — *Præfatio catalogi alphabetici bibliothecæ Mazarineæ,* p. 3.

2. Simon Mariage était « Escuyer, Conseiller et Secrétaire de Sa Majesté, Maison, Couronne de France, et de ses Finances. » Il avait été chargé de « régir, gouverner et administrer les biens et revenus de l'Abbaye de Saint-Michel en l'Herm, de recevoir les autres sommes de deniers destinées pour la fondation du collége.... » Voyez dans le *Recueil de la fondation,* p. 17, les *lettres patentes* qui lui confèrent ces fonctions.

Construction de la chapelle.	300,000 liv.
Construction de la bibliothèque, des deux pavillons et des logements donnant sur la place.	340,000
Construction des bâtiments intérieurs.	332,000
Pavé des cours.	20,000
Construction du manége.	150,000
Travaux pour seize maisons.	310,000
Mausolée du cardinal.	30,000
Total.	1,482,000 liv.[1]
Achat des terrains, expropriations, etc.	574,500 liv.
Total.	2,056,500 liv.

---

[1]. *Registre des délibérations du conseil de la fondation du collége Mazarini.* Archives de l'Empire, MM, 462, p. 77 et 78.

On se rappelle que Mazarin avait laissé deux millions pour la construction du collége, cette somme se serait donc trouvée à peine dépassée. Mais le devis de Levau est évidemment bien au-dessous de la vérité. S'il mentionne, il est vrai, le manége qui ne fut pas exécuté, il ne dit pas un mot des travaux qui furent entrepris pour le revêtement du quai, depuis l'hôtel de Nevers jusqu'à la rue des Augustins, travaux qui coûtèrent cent cinquante mille livres ; et il ne compte que trois cent dix mille livres pour les seize maisons situées rue Mazarine et rue Guénégaud. Or, du mois d'août 1665 au mois d'octobre 1666, un million deux cent quatre-vingt-quatre mille sept cent cinquante livres furent données à l'entrepreneur des maçonneries. C'était là, au reste, la dépense principale. Nous pourrions faire le relevé de toutes les autres, car nous avons sous les yeux des registres qui mentionnent les sommes, même les plus minimes, payées aux ouvriers pendant tout le cours des travaux. Mais, au milieu de ce dédale de chiffres, les recherches sont loin d'être faciles. Rappelons cependant que l'horloge du Collége fut fournie par Henry Martinot « orlogeur, » et coûta mille huit cent six liv. [1] Les deux cadrans solaires

---

1. Le payement fut fait en deux fois : *Compte rendu par M. Mariage, trésorier du college Mazarinj.* Archives de l'Empire, H, 2822 ; et *Compte que rend Simon Mariage au nom et comme fondé de procuration de Nosseigneurs les exécuteurs testamentaires*..... Archives de l'Empire, H, 2823.

qui se voient encore dans la seconde cour de l'Institut furent faits par le sieur Pierre Barthélemy, tailleur de pierre, et payés quarante-cinq livres[1]. Enfin, on donna à Nicolas le Marinier cinq cents livres « pour le cuivre rouge par luy fourni pour la boule et les cinq estoilles qui sont au-dessus du dosme de l'église ; » et au sieur Jacques le Breton trois cents livres « pour les lettres de cuivre doré par luy fournies pour les inscriptions tant dedans que dehors de l'église[2].

---

1. *Journal de la despence qui est faite par M. Mariage pour le college Mazarinj*. Archives de l'Empire, H, 2824.

2. *Compte rendu par M. Mariage, trésorier*, etc.. . Archives de l'Empire. H. 2822.

IV

DESCRIPTION

IV

DESCRIPTION

PHYSIONOMIE DU PALAIS DE L'INSTITUT EN 1689.
BOUTIQUES QUI ENTOURAIENT LA FAÇADE. — LE QUAI DES QUATRE-NATIONS.
LA CHAPELLE. — LA BIBLIOTHÈQUE.
LOGEMENTS DES PROFESSEURS ET DES ÉLÈVES. — LES SALLES D'ÉTUDE.
LE RÉFECTOIRE — LA CUISINE. — LA RUE MAZARINE.

A façade actuelle du palais de l'Institut ne donne qu'une idée très-inexacte de ce qu'était celle du collége des Quatre-Nations. Nous allons essayer d'en reproduire la physionomie.

Replaçons d'abord au-dessus de la corniche supérieure les vases en pierre qui viennent d'être enlevés. Leur poids, qui surchargeait trop l'édifice, a seul nécessité leur suppression, car ils avaient été entièrement refaits en 1763. A cette époque, nous voyons le procureur du Collége déclarer que « les vases de pierre qui forment un ornement autour du comble des deux pavillons méritent d'être conservés, tant parce qu'ils sont nécessaires à la décoration extérieure de ces pavillons, que parce qu'ils sont eux-mêmes d'une très-belle forme ; mais quelques-uns de ces vases paroissent inclinés sur le comble et d'autres sont destitués de leurs flammes [1]..... Le conseil vota les fonds indispensables pour une réparation complète.

La grille qui ferme l'entrée de la chapelle n'existait pas alors, les sept marches qui y conduisent étaient entourées de lourdes bornes en pierre. Les deux fontaines situées de chaque côté du perron sont également récentes [2]. Au-dessus du portail, entre les colonnes corinthiennes, l'inscription suivante rappelait que la chapelle avait été consacrée sous l'invocation de Saint-Louis :

D. O. M.

SUB INVOCATIONE SANCTI LUDOVICI.

Plus haut, sur la frise du fronton, à la place

---

1. *Registre pour servir aux délibérations et arrêtés de MM. les inspecteurs et grand-maître du collége Mazarin.* Archives de l'Empire, MM, 464.

2. Elles furent établies en vertu d'un décret impérial du 2 mai 1806. Chacun des quatre lions de bronze a deux mètres de longueur, et pèse seize cents kilogrammes.

qu'occupent aujourd'hui les mots Institut de France, on lisait :

JUL. MAZARIN. S.R.E. CARD. BASILICAM. GYMNAS. F.C.A. M.DC.LXI.

Six massifs de pierre, qui se voient encore au pied du dôme, supportaient six groupes sculptés, composés chacun de deux personnages : les quatre évangélistes d'abord ; puis les pères de l'Église grecque, saint Basile, saint Athanase, saint Jean-Chrysostome et saint Grégoire de Nazianze ; enfin, quatre docteurs de l'Église latine, saint Jérôme, saint Augustin, saint Ambroise et saint Grégoire le Grand. Le dôme était « couvert d'ardoises taillées en écailles de poisson, avec des bandes de plomb doré[1] ; » la lanterne qui a été récemment reconstruite, était plus large et moins élevée, elle était entièrement à jour, soutenue par des consoles et surmontée d'un globe doré qui supportait une croix[2].

La porte qui conduit aujourd'hui dans la première cour, servait également d'entrée au Collége. Mais toutes les autres baies étaient fermées par des devantures vitrées, et formaient une série non

---

1. G. Brice, *Description de Paris*, t. IV, p. 120.
2. Bibliothèque Impériale, *estampes*, Va, 110. — Au mois de mai 1756, on recouvrit le dôme et on fit redorer la boule et la croix. La lanterne, les consoles, guirlandes et autres ornements furent « peints de la couleur la plus approchante de l'or qu'il fut possible. » *Registre pour servir aux délibérations*, etc. Archives de l'Empire, MM, 464.

interrompue de vingt-quatre boutiques. La loge actuelle des portiers de l'Institut était alors coupée en deux et on louait la pièce qui prenait jour sur le quai [1].

Neuf boutiques étaient établies sous le pavillon de la Bibliothèque et cinq d'entre elles donnaient sur la place Conti. Les deux premières existent encore et servent de dépôt à la bibliothèque Mazarine [2], elles étaient louées au sieur le Roux, maître tailleur. La troisième était occupée par le sieur Dor, vitrier. Les quatre suivantes, par le sieur Valfontaine, limonadier. Les deux autres, donnant sur la place du Collége, par un tapissier, nommé Lamy.

Entre le pavillon de la Bibliothèque et la porte d'entrée du Collége se trouvaient les dixième et onzième boutiques, « l'horlogeur, » Hanet y demeurait. La librairie classique d'Eclassan était établie dans les deux suivantes qui formaient le rez-de-chaussée de l'appartement occupé aujourd'hui par M. Silvestre de Sacy.

De la chapelle au pavillon des Arts, on voyait

---

1. *Plan de l'Eglise du Collége des Quatre-Nations et de ses aisles et pavillons du costé qui regarde la rivière.* Archives de l'Empire, N, 982.

2. On y conserve une quarantaine de bustes en marbre, quelques vieux objets de menuiserie, portes, pilastres, chambranles, échelles. C'est dans une petite pièce contiguë à la seconde boutique qu'est établi le calorifère destiné au chauffage de la bibliothèque Mazarine. A.-F. *Histoire de la bibliothèque Mazarine*, p. 254.

cinq autres boutiques louées aux sieurs Coquet, chandelier, le Blanc, aubergiste, et Taboureux, vitrier. Sous le pavillon des Arts étaient six boutiques partagées entre les sieurs Audiger et Lopinot [1]. Enfin, un peu plus tard, trois autres boutiques furent ouvertes en retour de ce pavillon sur la rue de Seine, un charron et un menuisier les occupèrent d'abord [2].

La partie du quai qui se trouve devant le Collége venait d'être entièrement refaite [3]; nous avons vu qu'une somme de 150,000 fr. avait été employée à ces travaux. Une balustrade à jour, en pierres de taille, avait remplacé l'ancien parapet. En dehors, sur le mur qui fait face au Louvre, les armes de Mazarin, sculptées avec soin, étaient répétées trois fois à distances égales, et au milieu, on lisait sur une plaque de marbre noir l'inscription suivante :

LUDOVICO MAGNO

LUPARAM ABSOLVENTE
RIPAM HANC UT RIPAE ALTERIUS
DIGNITATI RESPONDERET,
QUADRO SAXO VESTIRI C. C.
PRAEF. ET AEDILES

ANNO M.DC.LXIX ET M.DC.LXX [4].

---

1. *Compte que rend M*ᵉ *Charles Tharel d'Allo, procureur du collége Mazarin* Archives de l'Empire, H, 2826.
2. *Compte que rend messire Barthélemy de la Fleutrie*, etc. Archives de l'Empire, H, 2833.
3. Félibien, *Histoire de la ville de Paris*, p. 1497.
4. Lemaire, *Paris ancien et nouveau*, t. III, p. 370. —

Faute de fonds suffisants, on ne put jeter un pont entre les deux rives. Mais, en face du pavillon des Arts, à l'endroit où se trouvait le port au charbon, on installa de petits bateaux qui, moyennant six deniers par personne, transportaient devant le Louvre[1].

La première cour du Collége des Quatre-Nations offrait alors exactement le même aspect qu'aujourd'hui. A droite et à gauche s'élèvent deux portails dont l'un conduit à la chapelle et l'autre à la bibliothèque. Tous deux, placés au-dessus d'un large perron de pierre, sont composés de quatre pilastres cannelés, d'ordre corinthien, qui supportent un fronton ; et chacun de ces frontons représente deux vertus cardinales, appuyées d'un côté sur les armes de Mazarin, de l'autre sur le cadran d'une horloge.

La chapelle a été entièrement métamorphosée sous l'Empire, lorsque l'Institut a pris possession des bâtiments du Collége. Le sanctuaire était sous la coupole du petit dôme qui se trouve au fond de l'église, et aux deux côtés s'ouvraient deux chapelles qui devaient servir de lieu de sépulture aux

---

Lerouge, *Curiosités de Paris*, t. II, p. 137. — G. Brice, *Description de Paris*, t. IV, p. 131. — L'endroit sur lequel s'appuie aujourd'hui le pont des Arts avançait un peu sur la rivière, de manière à donner plus de largeur au quai. Voyez le *Plan de Deharme*. Ce quai, avec les balustrades et les sculptures, est très-fidèlement représenté dans les planches qui accompagnent les ouvrages de Sauval, de Félibien et de Piganiol.

1. Thiéry, *Guide des amateurs et des étrangers voyayeurs à Paris*, t. II, p. 487.

membres de la famille Mazarin. Un peu plus loin, une nef était réservée aux élèves du Collége[1]. Comme aujourd'hui, on parvenait à quatre petites tribunes par quatre escaliers à vis ; un autre montait jusqu'au-dessus du dôme, qui présente une particularité fort curieuse : sa forme, parfaitement circulaire au dehors, est elliptique à l'intérieur, et c'est dans l'espace que laissent libre ces deux dispositions différentes qu'ont été pratiqués les escaliers[2].

Le plan de cette église se prêtait fort peu à sa nouvelle destination. Des piliers énormes rompaient le point de vue à chaque angle, et la voix d'un orateur se serait perdue dans les renfoncements des chapelles et la hauteur excessive de la voûte. L'architecte Vaudoyer, chargé de faire subir au local sa transformation, remplit la partie inférieure des chapelles par des amphithéâtres, et établit de vastes tribunes dans la partie supérieure. Enfin, il réduisit de moitié la coupole du dôme, en construisant une coupole intermédiaire percée de huit *lunettes* correspondant avec les huit croisées qui entourent l'ancien dôme. Au-dessus de cette coupole se trouve donc une seconde salle, aussi vaste que celle du bas[3].

On n'avait d'ailleurs rien épargné pour la déco-

---

[1]. Lemaire, *Paris ancien et nouveau*, t. II, p. 558.
[2]. Thiéry, *Guide des amateurs et des étrangers voyageurs à Paris*, t. II, p. 485. — *Plan de l'Eglise du Collége des Quatre-Nations et de ses aisles et pavillons*. Archives de l'Empire, N, 982.
[3]. Vaudoyer, *Plan, coupe et élévation de l'Institut impérial de France, suivant sa nouvelle restauration*, p. 5.

ration de cette chapelle. Le pavé, formé de compartiments de marbre blanc, noir et jaspé, était semé d'étoiles, pièces principales des armoiries de Mazarin. Sous les archivoltes des quatre grands arcs de la nef principale, Desjardins avait sculpté les huit béatitudes, et sur les clefs des voûtes étaient les armes des quatre provinces en faveur desquelles le Collége avait été fondé. Le tableau du grand autel était de Paul Véronèse et représentait la *Circoncision*. Tout autour de la frise qui règne au-dessous du dôme, on lisait cette inscription, qui s'aperçoit encore sous la couche de badigeon dont on l'a recouverte :

SEDEBIT SUB UMBRACULO EJUS IN MEDIO NATIONUM.
Ezechiel, cap. 31, v. 17.

et sur les quatre fausses portes qui semblent soutenir le dôme, se trouvaient les inscriptions suivantes :

PRAECEDEBAT SAPIENTIAM OMNIUM ORIENTALIUM.
Reg., lib. III, cap IV.

COR EJUS ADVERSUM REGEM AUSTRI.
David, XI.

AB ORIENTE PARET USQUE IN OCCIDENTEM.
Matth., cap. XXIV.

EXTENDET MANUM SUAM SUPER AQUILONEM.
Sap. 11. [1]

Le mausolée du cardinal Mazarin est le chef-d'œuvre de Coysevox. Sur un sarcophage de mar-

---

1. Piganiol de la Force, *Description de Paris*, t. VIII, p. 222.

bre noir soutenu par des consoles en bronze doré, se trouve la statue en marbre blanc du cardinal. Il est représenté à genoux, les mains jointes, dans l'attitude d'un homme en prière ; derrière lui un ange supporte un faisceau, une des pièces de son blason. La base du cénotaphe se compose de trois marches de marbre blanc sur lesquelles sont assises trois figures allégoriques en bronze, qui représentent la Prudence, l'Abondance et la Fidélité. Les seules critiques que ce mausolée ait soulevées ont été dirigées contre Mazarin plutôt que contre l'artiste. Dulaure prétend que le cardinal semble demander à Dieu le pardon des maux qu'il a fait subir à la France [1] ; enfin, les figures allégoriques ayant toutes trois la bouche close, on a dit que Coysevox avait voulu rappeler ainsi le silence que Mazarin, pendant son ministère, avait imposé à la Prudence, à l'Abondance et à la Fidélité [2]. Sous l'arc qui s'élevait derrière ce mausolée, la Charité et la Religion, sculptées en bas-relief, soutenaient les armes du cardinal ; et au-dessus, on lisait l'inscription suivante gravée en or sur une longue et épaisse plaque de marbre noir [3] :

---

1. Dulaure, *Histoire de Paris*, t. V, p. 233.
2. P. Villiers, *Manuel du voyageur à Paris*, p. 268.
3. L'inscription, telle que nous la donnons ci-contre, est fidèlement copiée sur l'original conservé au Louvre. Piganiol de la Force, et tous les historiens qui ont écrit après lui, n'en ont reproduit que le texte ; tous ont modifié la disposition des lignes pour obéir aux nécessités du format qu'ils avaient adopté.

D. O. M.

ET PERENNI MEMORIAE IULII DUCIS MAZARINI
S. R. ECCLESIAE CARDINALIS
ITALIAE AD CASALE GERMANIAE AD MONASTERIUM TOTIUS DENIQUE
ORBIS CHRISTIANI AD MONTES PYRENEOS PACATORIS

QUI CUM RES GALLICAS LUDOVICO MAGNO ADHUC IMPUBERE FELICISSIME ADMINISTRASSET
ATQUE ILLUM IAM ADULTUM ET REGNI CURAS CAPESSENTEM FIDE CONSILIO AC INDEFESSO LABORE IUVASSET
DEPRESSIS UNDIQUE FRANCIAE HOSTIBUS IPSISQUE FAMAE SUAE AEMULIS VIRTUTUM SPLENDORE BENEFICIIS CLEMENTIA
DEVICTIS AC DEVINCTIS PLACIDE ET PIE OBIIT ANNO R. S. M.DC.LXI. AETAT. LIX
TEMPLUM HOC ET GYMNASIUM AD EDUCATIONEM NOBILIUM ADOLESCENTIUM EX IV. PROVINCIIS IMPERIO GALLICO
RECENS ADDITIS ORIUNDORUM EXTRUI TESTAMENTO IUSSIT ET MAGNIFICE DOTAVIT.

Le tombeau de Mazarin était placé au fond de la petite chapelle qui existait à droite du maître-autel, précisément à l'endroit où se trouve aujourd'hui la statue de Napoléon Ier ; le corps reposait dans les vastes caveaux qui s'étendent sous toute cette partie de l'édifice. Le mausolée, transporté d'abord au Musée des Petits-Augustins [1], est aujourd'hui au Louvre, ainsi que l'inscription qui le surmontait ; mais, lors du descellement ou pendant le transport, le plaque de marbre a été brisée en trois morceaux dans le sens de la longueur.

Voici, d'après un des registres conservés aux *Archives*, les dépenses qui furent faites pour le mobilier de la chapelle, au moment où elle allait être livrée au culte :

15 aunes de serge noire pour faire vnze camails, — 67 *liv.* 10 *s.*

6 surplis, — 76 *liv.* 8 *s.*

6 chandeliers et 3 croix de cuiure pour les trois autels, — 90 *liv.*

1 lampe de cuiure pour mettre devant le Saint Sacrement, — 25 *liv.*

3 sonnettes pour la messe, — 2 *liv.* 5 *s.*

3 petits chandeliers de cuiure, — 9 *liv.*

4 missels, — 80 *liv.*

---

1. A. Lenoir, *Description historique et chronologique des monuments de sculpture réunis au Musée des monuments français,* p. 274.

1 *graduel,* — 11 *liv.*

1 *antiphonier,* — 38 *liv.*

4 *processionnels,* — 12 *liv.*

1 *breviaire en maroquin noir doré sur tranches, in-quarto,* — 26 *liv.*[1].

Le portique qui, dans la première cour, fait face à la chapelle, portait déjà au-dessous du fronton ces mots :

BIBLIOTHECA . A . FVNDATORE . MAZARINAEA.

L'architecte chargé de la construction de la bibliothèque avait reproduit aussi exactement que possible la forme et l'aspect de celle que Mazarin avait fait établir dans son palais[2]. L'imitation était d'autant plus facile que le cardinal avait légué au Collége, avec ses livres, les magnifiques boiseries qui entouraient sa bibliothèque[3].

Mais la salle élevée par Dorbay a subi depuis lors une modification importante. Comme la galerie du palais Mazarin, elle était primitivement voûtée. En 1739, on supprima les cintres de la voûte qui se trouva transformée en un plafond ordinaire, formant angle droit à sa rencontre avec les murs ;

---

1. *Compte que rend Me Charles Tharel d'Allo, procureur du collége Mazarin.* Archives de l'Empire, H, 2825.

2. A.-F. *Histoire de la bibliothèque Mazarine,* p. 125. — De Laborde, *Palais Mazarin,* p. 368.

3. *Recueil de la fondation du collége Mazarini,* p. 9.

l'espace ainsi conquis permit de placer sur le balcon qui règne tout autour de la pièce vingt mille volumes de petit format [1].

A gauche de la grande porte qui conduit à la bibliothèque se trouve un appartement occupé aujourd'hui par M. Philarète Chasles; c'est là que demeurait le grand maître du Collége [2].

Le bâtiment qui s'étend entre la première et la seconde cour renfermait les logements de deux professeurs et de deux sous-maîtres, avec le nombre de chambres nécessaires pour les écoliers de deux nations; les classes d'humanités occupaient le rez-de-chaussée. Ce corps de logis n'a plus aujourd'hui que deux étages. Lorsqu'en janvier 1800, la partie supérieure fut accordée à la bibliothèque Mazarine, on réunit le premier et le second étage, en supprimant le plancher de division ; on obtint ainsi une galerie fort élevée et éclairée par deux rangs de fenêtres placées l'une sur l'autre [3]. Cette salle renferme aujourd'hui la bibliothèque particulière de l'Institut.

La seconde cour du collége des Quatre-Nations passait alors pour « une des plus grandes qu'il y

---

1. *Præfatio Catalogi alphabetici bibliothecæ Mazarinæ*, p. 6. — *Compte que rend messire Barthélemy de la Fleutrie*. Archives de l'Empire, H, 2832.

2. Lemaire, *Paris ancien et nouveau*, t. II, p. 560.

3. A.-F. *Histoire de la bibliothèque Mazarine*, p. 151 et suiv. — Voyez aux archives de l'Empire la liasse inventoriée F[13] 1176.

eût dans Paris[1]. » Elle n'était construite que d'un seul côté, un mur absolument nu la bornait à gauche dans toute la longueur[2]. Le grand bâtiment qui s'étendait à droite était, comme le précédent, partagé en chambres nombreuses, et cette distribution se retrouve encore dans une partie des logements actuels. Le rez-de-chaussée a été complétement modifié ; on y voyait les deux classes de philosophie, le réfectoire, une grande salle garnie de tribunes où les élèves subissaient leurs examens et soutenaient leurs thèses. Le premier et le second étage étaient occupés par les principaux fonctionnaires du Collége, quelques professeurs et deux sous-maîtres. Au-dessus logeaient les écoliers des deux autres nations.

Une petite porte, située tout à fait à gauche du mur du fond, donnait accès dans la troisième cour. Elle avait alors la même largeur que les deux autres ; mais, pendant la Révolution, l'administration de l'hôtel des Monnaies s'empara de la moitié de cet espace, et malgré les réclamations de M. Lebas, déjà architecte du Palais, l'Empire confirma cette prise de possession. La cour était construite de deux côtés seulement, et au milieu se trouvait un petit parterre planté d'arbres. Autour se groupaient la cuisine, l'office, le garde-manger,

---

1. Piganiol de la Force, *Description de Paris*, t. VIII, p. 225.

2. Voyez le plan de Deharme et celui de Turgot.

l'écurie, la buanderie et les chambres occupées par les domestiques. Nous parlerons plus loin de la manière dont les élèves étaient nourris, constatons seulement ici que la cuisine avait été montée avec un très-grand soin. Nous avons retrouvé la liste des dépenses qui furent faites en 1688 pour son organisation, dans le nombre figurent les objets suivants dont l'énumération offre quelque intérêt à cause des prix qui l'accompagnent :

1 *tourne-broche,*—250 *liv.*
1 *cocquemard,*—16 *liv.* 11 *s.*
2 *marmites de cuiure,*—33 *liv.* 19 *s.*
5 *casserolles,*—31 *liv.*
4 *chaudrons,*—35 *liv.*
1 *poislon,*—2 *liv.* 10 *s.*
1 *escumoire,*—1 *liv.*
2 *pelles à feu,*—3 *liv.* 4 *s.*
1 *gril à rostir,*—1 *liv.* 10 *s.*
6 *cremaillères,*—26 *liv.*
2 *poisles à frire,*—3 *liv.*
10 *cousteaux de cuisine,*—18 *liv.* 7 *s.*
2 *cousteaux à hachis,*—3 *liv.* 10 *s.*
1 *couperet,*—1 *liv.*
1 *lèchefritte,*—2 *liv.* 15 *s.*
1 *antonnoir,*—6 *liv.* 7 *s.*
1 *fuzil dassier,*—15 *liv.* 15 *s.*[1]

---

1. *Compte que rend Me Charles Tharel d'Allo, procureur du collège Mazarin.* Archives de l'Empire, H, 2825.

— 66 —

Le parterre, situé au milieu de cette cour, était soigné par un jardinier payé à l'année et qui recevait 150 liv.[1] Le grand-maître Riballier affectionnait beaucoup ce petit coin de terre; par ses ordres, les arbres, qui étaient petits et malingres, furent, vers 1770, abattus et remplacés par de beaux tilleuls[2].

La porte de sortie qui ouvrait dans cette troisième cour, donnait sur une rue alors toute nouvelle et dont le nom n'était pas encore bien déterminé. En 1660, on arrivait à la porte de Nesle par un pont jeté sur un long fossé. Le fossé fut comblé et la rue qui s'éleva sur son emplacement s'appela d'abord *rue des fossés de Nesle*. Ce nom existe encore sur le grand plan de Paris, dressé en 1676 par Builet, et même sur celui de 1692 par N. de Fer. De Fer, en 1707, et de la Caille, en 1714, écrivent *rue des fossez ou Mazarine;* enfin, en 1717, apparaît la *rue Mazarine*. Sur un seul plan, qui ne porte pas de date et qui a été dressé pour l'ouvrage de Delamarre, on lit *rue de Mazarin*.

---

1. *Compte que rend messire Barthélemy de la Fleutrie*, etc. Archives de l'Empire, H, 2833.

2. *Registre pour servir aux délibérations et arrêtés de MM. les inspecteurs et grand-maître du collége Mazarin*. Archives de l'Empire, MM, 464.

V

OUVERTURE DES CLASSES

V

OUVERTURE DES CLASSES

LE DUC DE MAZARIN.
LE LATIN APPRIS SANS MAITRE. — LETTRES PATENTES DE LOUIS XIV.
SOUS QUELLES CONDITIONS L'UNIVERSITÉ ADMET LE COLLÉGE
DANS SON SEIN.
LE CORPS DE MAZARIN EST DÉPOSÉ DANS LA CHAPELLE.

EN 1672, les ouvriers travaillaient encore au pavillon de la bibliothèque et à la chapelle, mais toutes les autres constructions étaient terminées. Il était temps de songer à organiser définitivement le Collége.

Une première difficulté se présenta. A mesure que les logements s'étaient achevés, ils avaient été occupés par différentes personnes qui n'avaient rien de commun avec l'administration du Collége. Le plus embarrassant de tous ces envahisseurs était le duc de Mazarin; il s'était installé dans le bâtiment situé entre l'église et la bibliothèque et refusait formellement de se retirer. Il prétendait établir son droit sur ses titres d'héritier du fondateur, de patron du Collége, et de collateur des bourses. Ses prétentions furent examinées en conseil et repoussées.

Colbert ordonna alors d'expulser tout locataire étranger à la fondation. Dans le nombre se trouvait un brave professeur nommé Gandouin. Une des salles de l'établissement lui avait été provisoirement accordée, et il y avait réuni quelques enfants de trois à quatre ans, auxquels il se proposait d'apprendre le latin, en les entourant de personnes qui ne leur parlassent jamais d'autre langue[1]. Ce système, d'ailleurs, ne pouvait passer pour nouveau, qu'eu égard à l'âge des enfants que Gandouin y soumettait ; car, au fond, le principe était déjà depuis longtemps admis par l'Université. Les statuts de 1598, qui ne sont, à cet égard, que la reproduction des règlements antérieurs, interdisaient dans les colléges l'usage de la langue française. Les maîtres ne devaient parler que le latin, et les écoliers étaient tenus de suivre cet exemple, même quand ils causaient entre eux[2].

---

1. Niceron, *Mémoires pour servir à l'histoire des hommes illustres dans la république des lettres*, t. VI, p. 185.

2. « *Nemo scholasticorum in Collegio lingua vernacula loquatur, sed Latinus sermo eis sit vsitatus et familiaris.* » *Statvta facvltatis artivm*, art. XVI, p. 20.

A la suite de ces petites exécutions, le local se trouva complétement libre. Mais l'établissement ne pouvait entrer en exercice avant d'avoir obtenu deux autorisations : celle du roi d'abord, puis celle de l'Université.

La première était accordée déjà. Par lettres patentes du mois de juin 1665 [1], Louis XIV avait « confirmé, loüé et approuvé le contract » dicté par Mazarin la veille de sa mort, il avait ordonné qu'il fût « exécuté de point en point selon sa forme et teneur ; » et, plein de reconnaissance pour « l'infinité d'illustres marques d'une ardente affection » que lui avait données le cardinal, le roi entendait « que ladite Fondation fût censée et réputée Royale, et jouît des mesmes avantages, privileges et prerogatives que si elle avoit esté par Lui faite et instituée [2]. »

L'autorisation de l'Université fut beaucoup moins facile à obtenir. Le 22 octobre 1674, les exécuteurs testamentaires lui présentèrent une requête par laquelle elle était très-humblement suppliée d'admettre dans son sein le nouveau collége [3]. Une assemblée générale eut lieu au couvent

---

1. Voyez à la fin du volume.
2. Recueïl de la fondation du college Mazarini, p. 12 à 15.
3. Voyez dans le Recueïl de la fondation du college Mazarini, la Requeste présentée à MM. de l'Université de Paris le 22 octobre 1674, pour l'aggrégation du college Mazarini, et mise entre les mains du procureur scindic de ladite Université ledit jour.

des Mathurins, où, depuis le xiiie siècle, l'Université tenait ses séances ; les doyens des quatre facultés et les procureurs des quatre nations [1] présentèrent successivement leurs rapports. Tous concluaient à l'adoption, mais ils soumettaient en même temps le Collége à des conditions qui en modifiaient l'idée fondamentale et en dénaturaient le principe. On exigea avant tout la fermeture du théâtre que la troupe de Molière venait d'établir rue Guénégaud ; l'article 19 des règlements de la faculté des arts interdisait, en effet, dans les limites de l'Université, la présence d'établissements de ce genre [2]. Quant au Collége, il devait se conformer aux statuts généraux de l'Université, et présenter ses statuts particuliers à la censure de la compa-

---

1. L'Université se composait de quatre facultés : théologie, droit, médecine, arts. La faculté de théologie avait deux colléges, la maison de Sorbonne et celle de Navarre. L'école de droit venait (1771) d'être transférée place Sainte-Geneviève, dans le local actuel. L'école de médecine était installée rue Saint-Jean-de-Beauvais, dans les bâtiments précédemment occupés par l'école de droit. La faculté des arts embrassait l'enseignement des lettres et des sciences en général, et comprenait neuf colléges. Elle était divisée en quatre nations : France, Picardie, Normandie et Allemagne, qui elles-mêmes se subdivisaient en un grand nombre de provinces ou tribus; chaque nation avait ses officiers particuliers, un procureur, un censeur et un questeur.

2. « *Omnes gladiatores, tibicines, saltatores, et histriones, ab Academiæ finibus migrent, et vltra pontes ablegentur.* » *Statvta facvltatis artivm*, art. XIX, p. 21.

gnie [1]. Le principal et les professeurs seraient membres de l'Université, ce qui, contre l'ordre formel de Mazarin [2], excluait les Théatins [3]. On n'y enseignerait ni la théologie, ni la jurisprudence, ni la médecine. Enfin, il n'y aurait ni manége, ni professeur de danse, ni maître d'escrime.

Cette dernière décision était de la plus haute importance, et à cet égard, il y avait eu presque unanimité au sein du conseil. Le rapport du doyen de la faculté de théologie exigeait *ut prædictum Collegium nullam habeat academiam palæstricam*, et celui du procureur de la nation française portait *ut academia palæstrica removeatur*. Le procureur de Picardie déclara *academiam gladiatoriam arceri velle*, et celui d'Allemagne demanda simplement *ut ab eo Collegio arceantur gladiatores et saltatores*. Les autres membres de la commission, sans s'exprimer aussi nettement, avaient

---

1. « *Ut cæterorum Collegiorum more, Legibus, laudabilibus Institutis, Usibus et Statutis Academiæ subjaceat.... Cum ei Statuta privata condentur, ea cum Universitate et cum singulis Facultatibus communicentur.* » — *Excriptum ex actis Universitatis parisiensis*, p. 6.

2. « Le principal et le sous-principal de Pignerolles... seront de l'Ordre des religieux Théatins, et choisis par les vocaux de la maison de Sainte-Anne-la-Royale.... » *Recueil de la fondation*, p. 7.

3. « *Non Theatinum, non alium quemcumque regularem assumat in primarium, aut administratorem; non ullum denique qui non sit ex Academiæ sinu.* » — *Excriptum ex actis Universitatis parisiensis*, p. 6.

exprimé le même vœu; il se trouvait compris dans une formule générale, aux termes de laquelle le nouveau collége devait être soumis à tous les règlements de l'Université, sans exception [1].

La manière dont fut accueillie cette idée si sensée, si prévoyante, de compléter, par des cours d'équitation, d'escrime et de danse, l'éducation reçue dans le collége, est un fait réellement curieux. Tous les écrivains modernes qui ont écrit sur cette époque ont reproché au cardinal la légèreté dont, à leur avis, il avait fait preuve dans cette circonstance. Ils sont, jusqu'à un certain point, excusables, puisque les contemporains eux-mêmes, placés dans le milieu le plus favorable pour apprécier la sagesse de cette mesure, semblent n'en avoir nullement compris la portée.

Il faut se rappeler qu'au XVIIe siècle la noblesse n'avait pas encore généralement adopté l'éducation universitaire. Plus désireuse de former des hommes braves, intelligents et spirituels, que des savants, elle voyait très-bien à quel danger la vie de collége eût exposé ses enfants. Avec raison, elle redoutait pour eux, et l'asservissement à une règle inflexible qui dénature et amollit le caractère, et l'influence énervante d'un travail incessant et forcé, qui enlève à l'esprit sa spontaneité, son originalité et sa grâce. D'ailleurs, l'héritier du nom et des armes de la famille devait, avant tout, prendre les

---

[1]. *Excriptum ex actis Universitatis Parisiensis*, passim.

habitudes, le ton et les manières du monde dans lequel il était destiné à vivre, et il ne pouvait guère les acquérir qu'à la demeure paternelle.

Mazarin montra qu'il avait senti tout cela, lorsque, fondant un établissement spécialement destiné à la noblesse, il ordonna, tout cardinal qu'il était, que l'équitation, l'escrime et la danse feraient partie intégrante de l'éducation qu'on y recevrait. Sa pensée fut si peu saisie, que les architectes prirent d'abord sur eux de ne pas construire le manége; puis vint l'Université qui se voila la face, et, d'un trait de plume, annula la volonté de Mazarin. Il en résulta que l'établissement, ainsi mutilé, ne répondit plus du tout à son but. Aussi, quoiqu'il présentât de grands avantages sur les autres colléges, quoiqu'il eût été déclaré par Louis XIV FONDATION ROYALE, les grandes familles ne l'acceptèrent jamais, et la noblesse pauvre daigna seule y envoyer ses enfants. De là le peu de noms historiques que nous fournira la liste des élèves qui, dans l'espace de cent ans, y firent leur éducation.

Les exécuteurs testamentaires s'inquiétèrent peu de faire respecter les intentions formelles du cardinal, ils acceptèrent la décision de l'Université; et le roi lui-même, qui, par ses lettres patentes de 1665, avait approuvé la création de cette académie, ordonne, par celles de 1688, qu'elle ne sera pas exécutée.

Le collége ne pouvait entrer en exercice avant

que le cardinal fût venu prendre place au milieu de sa splendide fondation. Mazarin était mort à Vincennes le 9 mars 1661 [1] ; le lendemain, son corps fut exposé dans la chapelle du château, et le 11 le service religieux eut lieu « sans beaucoup de cérémonies, » dit madame de Motteville [2], quoique un grand nombre de prélats et tous les membres de la famille Mazarin y assistassent [3]. Les Théatins, qui avaient été établis en France par le cardinal, et qui lui devaient la construction de leur église, consacrée sous le nom de Sainte-Anne-la-Royale, obtinrent de posséder son cœur ; il leur fut livré dans la soirée du 28 mars [4]. Le corps, qui avait été provisoirement déposé à Vincennes, fut transporté en grande pompe, le 6 septembre 1684, dans la chapelle du collége [5].

C'est quatre ans après seulement, en octobre 1688, qu'eut lieu l'ouverture des classes. Nous n'avons à cet égard d'autres renseignements que ceux qui nous sont fournis par G. Brice ; il nous

---

1. *Gazette de France*, n° du 12 mars 1661.
2. *Mémoires pour servir à l'histoire d'Anne d'Autriche*, t. X, p. 201.
3. Aubery, *Histoire du cardinal Mazarin*, t. IV, p. 419.
4. G. Patin, *Lettre* du 29 mars 1661, à Falconet, t. III, p. 350. — Aubery, *Histoire du cardinal Mazarin*, t. IV, p. 418.—Piganiol de la Force, *Description de Paris*, t. VIII, p. 300. — Jacquemart, *Remarques sur les abbayes, collégiales, etc.*, p. 208.
5. Lemaire, *Paris ancien et nouveau*, t. II, p. 559. — Aubery, *Histoire du cardinal Mazarin*, t. IV, p. 420.

apprend que « cette cérémonie se fit avec un concours considérable de personnes de distinction, et fut honorée de la présence de plusieurs illustres membres du Parlement [1]. »

La bibliothèque était terminée, mais les classements intérieurs et les travaux d'inventaire ne permirent pas d'en faire jouir le public avant 1691. Elle fut alors livrée aux gens de lettres deux jours par semaine, les lundis et jeudis, le matin de huit à dix heures et demie, et le soir de deux à quatre heures [2]. Cet état de choses subsista jusqu'à la Révolution.

---

1. G. Brice, *Description de la ville de Paris*, t. IV, p. 129.
2. *Le livre commode ou les adresses de la ville de Paris.* — *Præfatio Catalogi alphabetici bibliothecæ Mazarineæ*, p. 7. — Lettres patentes de 1688, art. 24. — D. Maichelius, *Introductio ad historiam literariam de præcipuis bibliothecis parisiensibus*, p. 75. — A.-F., *Histoire de la bibliothèque Mazarine*, p. 125 à 127.

VI

PERSONNEL

VI

PERSONNEL

EMPLOYÉS. leur hiérarchie et leur traitement.
le grand maitre. le bibliothécaire.
le sous-bibliothécaire. le procureur. le chien de cour.
ELÈVES. leur nombre.
par qui nommés. conditions d'admission. trousseau.

AZARIN, dans l'acte de fondation du collége, avait réglé d'avance le nombre et les attributions des fonctionnaires supérieurs. Ses volontés, à cet égard, furent scrupuleusement respectées.

Le nouvel établissement fut donc placé sous la haute autorité de la Maison de Sorbonne. Chaque année, quatre Docteurs de cette société étaient désignés pour entendre et vérifier le rapport du procureur, qui rendait un compte exact des recettes et des dépenses. Cette organisation ne fut modifiée qu'en juin 1791 ; à cette époque, les Docteurs désignés ayant refusé de prêter serment à la constitution civile du clergé n'entrèrent point en fonctions [1].

Les attributions des quatre inspecteurs se bornaient d'ailleurs à exercer sur la fondation une surveillance générale. Un autre Docteur de la Maison de Sorbonne était le chef réel du collége. Il avait le titre de Grand-Maître, et cette qualification un peu ambitieuse a excité la verve de plus d'un écrivain. « C'est ainsi qu'Homère appelait Jupiter, dit Mercier, *summus moderator Olympi*[2]. » Le traitement du grand-maître, qui, à l'ouverture du collége, était de quinze cents livres, fut porté à deux mille en 1781[3] ; il avait en outre la table et le logement. Suivant Mercier, ces fonctions « étaient une retraite honorifique où l'on pouvait digérer en paix[4]. » Ce qui est sûr, c'est que, dans l'espace de plus de cent ans, sept grands-maîtres seulement

---

1. *Registre pour servir aux délibérations et arrêtés de MM. les inspecteurs et grand-maître du collége Mazarin.* Archives de l'Empire. MM, 464, p. 148.

2. Mercier, *Tableau de Paris*, t. V, p. 141.

3. *Lettres patentes du Roi portant règlement pour le collége Mazarin, données à Versailles le 30 mars 1781.* — *Registre pour servir aux délibérations et arrêtés de MM. les inspecteurs et grand-maître du collége Mazarin.* Archives de l'Empire. MM, 464.

4. Mercier, *Tableau de Paris*, t. V, p. 141.

se sont succédé sur ce trône tranquille. Voici leurs noms :

P. Jean le Chapelier de Moron,
    1688 — décembre 1721.

Jean-Antoine Pastel,
    janvier 1722 — juin 1724.

Jacques Robbe,
    juin 1724 — juin 1742.

Louis-Charles de Brailles,
    juin 1742 — décembre 1754.

André Salmon,
    janvier 1755 — juillet 1765.

Ambroise Riballier,
    août 1765 — août 1785.

Emmanuel-Clément-Chrétien Bruget,
    août 1785 — .... 1791.

Riballier est le seul dont le nom ait échappé à l'oubli, et il le doit presque exclusivement aux attaques du parti encyclopédiste et aux plaisanteries de Voltaire. Riballier, comme syndic de la faculté de théologie, avait présidé les assemblées de Sorbonne où le *Bélisaire* de Marmontel avait été censuré. Il lui en coûta cher. Dans *les trois*

Empereurs en Sorbonne, Voltaire l'affuble du nom de Ribaudier, et le traite ainsi :

> Ils entrent dans l'étable où les docteurs fourrés
> Ruminaient saint Thomas et prenaient leurs degrés.
> Au séjour de l'*Ergo*, Ribaudier en personne
> Estropiait alors un discours en latin.

Ceci n'était rien. Mais le malheureux syndic s'avisa de répondre; en 1758, il publia la *Lettre d'un docteur à un de ses amis au sujet de Bélisaire*[1]. Comme presque toutes les discussions théologiques de cette époque, la querelle ne portait d'ailleurs que sur des futilités; il s'agissait de savoir si les grands hommes de l'antiquité, ceux-là mêmes qui avaient au suprême degré pratiqué la justice et les bonnes œuvres, étaient damnés; et Riballier soutenait bravement que tous étaient en enfer, puisqu'ils n'avaient pu connaître ni la science du salut, ni la sainte religion catholique. C'était si naïf, que Marmontel dédaigna de se fâcher. Quant à Voltaire, qui ne lâchait pas prise aussi facilement, il continua à maltraiter le pauvre syndic.

> A brûler les païens Riballier se morfond,

dit-il encore dans l'*Épître au roi de la Chine.*

Au reste, Riballier prouva qu'on peut être tout

---

1. On a réuni sous le titre *Pièces relatives à l'examen de Bélisaire* : 1° *Réponse à l'apologie de Marmontel*; 2° *Lettre de Voltaire*; 3° *Critique théologique du XVe chapitre de Bélisaire*; Paris, 1768, in-12.

à la fois un absurde théologien et un excellent administrateur, car le collége lui dut de très-précieuses innovations. En mourant, il légua cinq cents livres en faveur de pauvres écoliers [1].

Immédiatement au-dessous du grand-maître, venait le bibliothécaire. Le procureur avait long-temps protesté, il prétendait aussi à la seconde place; mais, en 1767, cette grave question hiérarchique fut définitivement vidée à l'avantage du bibliothécaire [2]. Celui-ci devait, comme le grand-maître, être Docteur de Sorbonne, et son titre indique suffisamment en quoi consistaient ses fonctions. Il nommait le sous-bibliothécaire et les deux *serviteurs* de la bibliothèque [3]. Avant d'entrer en charge, il signait l'inventaire des livres dont la garde lui était confiée; à sa mort, un récolement très-minutieux était fait, et plus d'une fois on a pris sur la succession du bibliothécaire la somme nécessaire pour remplacer quelques ouvrages qui, pendant son administration, avaient été détruits ou égarés.

---

1. *Registre pour servir aux délibérations et arrêtés de MM. les inspecteurs et grand-maître du collége Mazarin.* Archives de l'Empire. MM, 464.

2. *Compte que rend messire Emmanuel-Clément-Chrétien Bruget,* etc. Archives de l'Empire. H, 2835. — Aux termes de l'article 30 des *Lettres patentes* de 1688, le bibliothécaire n'avait la préséance sur le procureur que quand celui-ci était moins ancien.

3. *Lettres patentes* de 1688, article 22. — *Recueil de la fondation du college Mazarini,* p. 8.

Lapoterie qui, du vivant de Mazarin, avait rempli les fonctions de bibliothécaire, donna sa démission en 1688, et une pension de douze cents livres lui fut accordée. Il eut pour successeurs :

L. Piques . . . avril 1688 — 10 avril 1695.
P. Couleau . . avril 1695 — 27 novembre 1708.
J. B. Quinot. . nov. 1708 — 14 août 1722.
P. Desmarais . août 1722 — 23 février 1760.
J. Vermond. . avril 1760 — avril 1778.
L. J. Hooke . . avril 1778 — 19 mai 1791.

L'abbé Hooke, ayant refusé de prêter serment à la constitution civile du clergé, fut remplacé en mai 1791 par l'abbé Leblond [1] qui, depuis vingt ans, exerçait les fonctions de sous-bibliothécaire. Mais l'abbé Leblond fut nommé par le directoire du département de Paris ; le collége des Quatre-Nations, en fait, n'existait donc plus.

Le traitement du bibliothécaire varia de douze cents à dix-huit cents livres. Il était, à cet égard,

---

1. Consulter : A. Barbier, *Examen critique et complément des dictionnaires historiques*, t. I, p. 454. — Bailly, *Notice historique sur les bibliothèques anciennes et modernes*, p. 119. — Petit Radel, *Recherches sur les bibliothèques anciennes et modernes*, p. 309. — Hooke, *Requête au Roi*, 1791, in-4º de 12 p. — Ceard, *Mémoire à consulter et consultation pour le sieur Ceard, citoyen actif, garde national, et l'un des gardes de la bibliothèque Mazarine*, 1791, in-4º de 12 p. Ces deux dernières pièces sont extrêmement rares, elles existent à la Bibliothèque impériale.

placé sur le même pied que le procureur. Celui-ci était chargé de tout ce qui concernait l'administration matérielle du collége : le réfectoire et la lingerie, les traités avec les fournisseurs, l'entretien des bâtiments, étaient exclusivement de son domaine, et il présentait chaque année aux inspecteurs un compte détaillé des recettes et des dépenses de l'établissement. Tous ces comptes rendus sont aujourd'hui conservés aux Archives de l'Empire, et c'est grâce à eux que nous avons pu retrouver l'histoire et l'organisation du collége des Quatre-Nations.

L'emploi de procureur était un premier pas pour parvenir au grade de grand-maître : aussi, deux noms portés déjà sur la liste de ceux-ci vont-ils se retrouver ici :

Charles Tharel d'Allo.	1688—1702
Jean Rabouyn.	1702—1712
Jean-Robert Golier	1712—1718
Nicolas Varnier.	1718—1722
Barthélemy de la Fleutrie	1722—1750
Ambroise Riballier	1761—1765
E. Clément-Chrétien Bruget	1766—1785
André Raulin.	1786—1789
Brion.	1790—1791

Après le procureur, se place le sous-principal. Il avait dans ses attributions la surveillance directe des élèves ; de là le nom de *chien de cour*, sous lequel il était souvent désigné. Sévère maintien de la discipline, il remettait chaque soir au grand-maître un rapport sur la conduite des écoliers pendant la journée.

Le sous-bibliothécaire surveillait le service public de la bibliothèque, et avait la haute main sur les deux gardiens chargés de donner les livres. Le titre de docteur de Sorbonne n'était pas exigé pour remplir ces fonctions; aussi, comme on va le voir, aucun sous-bibliothécaire n'a-t-il obtenu le grade supérieur :

D. Baillet	1688—1692
Pierre de Francastel	1692—1733
Marie-Antoine de la Forgue	1733—1767
Berthier	1767—1768
Molé	1768—1770
G.-M. Leblond	1770—1791

Venaient enfin dix professeurs ou régents, le chapelain, les sous-maîtres et les différents domestiques. Voici au reste, quel était, en 1789, le personnel du collége avec le traitement attribué à chaque fonction :

BRUGET, *grand-maître*	2,000 liv.
HOOKE, *bibliothécaire*	1,800
RAULIN, *procureur*	1,800
FORESTIER, *sous-principal*	800
HAUCHECORNE, *professeur de philo-*	

sophie. . . . . 1,000 liv.
   Brion, 2e *professeur de philosophie:* 1,000
   Chauveau, *professeur de mathématiques*. 600
   Geoffroy, *professeur de rhétorique*. 1,100
   Charbonnet, 2e *professeur de rhétorique* 1,100
     Hennebert, *professeur de seconde*. . 900
     Fremois, *professeur de troisième*. . 700
     Daire, *professeur de quatrième* . . 700
     Potet, *professeur de cinquième*. . . 700
     Labour, *professeur de sixième*. . . 700
     Leblond, *sous-bibliothécaire* 700
     Daire, *chapelain*. 400
     Retel, *sous-maître*. 600
     Daire, *sous-maître*. 600
     Hauquet, *sous-maître* 600
     Vacquerie, *sous-maître* 600
     Hanet, *agent du collége*. 400
     Cornet, *officier* 360
     Dreux, *chef de cuisine*. 360
     Ceard, *gardien de la bibliothèque*.. 300
     Aherne, 2e *gardien de la bibliothèque* 300
     Locquet, *sacristain*. 100
     Mainferme, *aide de cuisine* [1] 150
     Cazin, *portier* 150
     Piédalue, *portier*. 150

---

1. Sur le compte de 1793, les différents domestiques sont qualifiés *hommes de confiance*.

L'Épine, *garçon de salle*	150 liv.
Brisset, *garçon de salle*.	150
Thuillier, *garçon de corridor*. . . .	200
Tripot, *garçon de corridor*.	200
Mathon, *garçon de corridor*	200
Chrétien, *garçon de corridor* . . .	200
Duguet, *jardinier*.	250
Chevallier, *frotteur de la bibliothèque, et correcteur*	150
Toussel, *laveur*.	100
Monier, *récureur*.	75 [1]

Dans le petit État qui nous occupe, les gouvernants étaient plus nombreux que les administrés. Aux termes de la fondation, le nombre des élèves devait être de soixante [2]; sous prétexte de la dureté des temps, ce chiffre fut limité à trente. Tous devaient, nous l'avons vu, être originaires d'une des quatre provinces réunies à la France par les traités de Munster et des Pyrénées [3]. Cependant les lettres patentes de 1688 [4] statuèrent que si ces provinces ne fournissaient pas un nombre suffisant d'écoliers, on pourrait en choisir dans toute autre partie de la France. Plus tard, des lettres patentes du 30 mars

---

1. *Compte que rend messire André Raulin*, etc. Archives de l'Empire. H, 2842.
2. *Recueïl de la fondation du college Mazarini*, p. 4.
3. *Recueïl de la fondation du college Mazarini*, p. 2.
4. Article 7.

1781 confirmèrent une déclaration du 21 avril 1724, aux termes de laquelle la noblesse de Bresse, Bugey et Gex avait droit aux places antérieurement réservées à la noblesse de Pignerol, et arrêtèrent que la Lorraine et la Corse pourraient envoyer huit pensionnaires au collége [1]. Dès lors, le nombre des élèves varia sans cesse : en 1780, il était de trente-deux [2]; en 1789, il s'éleva à trente-six; en 1791, l'émigration qui commençait le réduisit à vingt et un [3].

Mazarin avait voulu que « les gentilshommes fussent toujours préférez aux bourgeois [4]; » mais les lettres patentes de 1688 [5] ordonnèrent que, les élèves une fois admis, il ne serait plus fait entre eux aucune distinction, à quelque classe sociale qu'ils appartinssent.

Le candidat, après avoir établi de quel pays il était originaire, devait donc encore prouver quatre degrés de noblesse paternelle. Cette constatation, sur laquelle on avait fini par se montrer fort indulgent, fut rétablie dans toute sa rigueur sous l'administration de Riballier. Le fameux d'Hozier,

---

1. *Lettres patentes du Roi, portant règlement pour le collége Mazarin*, in-4° de 7 p.
2. *Registre pour servir aux délibérations et arrêtés de MM. les inspecteurs et grand-maître du collége Mazarin*, Archives de l'Empire. MM, 464.
3. *Compte rendu par le citoyen Brion, procureur du collége des Quatre-Nations*. Archives de l'Empire, H, 2842.
4. *Recueil de la fondation du college Mazarini*, p. 5.
5. Article 3.

juge d'armes de la noblesse de France, fut longtemps chargé d'examiner les titres produits par les candidats, et chaque vérification de ce genre lui était payée soixante-neuf livres [1]. La formule adoptée pour l'inscription d'un nouvel élève sur les registres du collége était ordinairement conçue en ces termes : « *Vu le certificat du sieur d'Hozier, généalogiste du roi; rapport fait des titres présentés, et examen d'iceux, qui ont été trouvés suffisants tant pour la noblesse que pour les autres qualités, X.... a été reçu pour jouir de tous les avantages de pensionnaire* [2]. »

Chaque élève devait apporter en entrant un trousseau composé de

   2 *habits neufs complets, un d'été et un d'hiver.*
   2 *redingottes.*
   12 *chemises.*
   12 *cols.*
   12 *coeffes de nuit.*
   12 *mouchoirs.*
   12 *serviettes.*
   12 *paires de chaussons* [3].

---

1. *Registre pour servir aux délibérations et arrêtés de MM. les inspecteurs et grand-maître du collége Mazarin.* Archives de l'Empire. MM, 464.

2. *Registre pour servir aux délibérations et arrestés de messieurs les inspecteurs et grand-maistre du collége Mazarin.* Archives de l'Empire. MM, 463, p. 21.

3. *Registre pour servir aux délibérations et arrêtés de MM. les inspecteurs et grand-maître du collége Mazarin.* Archives de l'Empire. MM, 464.

On ne pouvait être admis au collége des Quatre-Nations avant l'âge de dix ans, ni après quinze ans révolus [1], et il fallait nécessairement professer la religion catholique. C'était d'ailleurs là une des règles générales adoptées par l'Université ; elle ne souffrait d'exception qu'en faveur des élèves externes, et encore étaient-ils immédiatement chassés s'ils se permettaient de s'entretenir, même avec leurs camarades, des principes de la Réforme [2].

Le cardinal avait très-expressément ordonné que le droit de désigner les élèves appartiendrait « à l'aisné de ceux qui porteroient son nom et ses armes [3]; » mais la fondation ayant été réputée royale, les premières nominations furent faites par Louis XIV. En mai 1714, un arrêt du conseil d'État remit cette prérogative à Gui-Paul-Jules Mazarin, pair de France, neveu du cardinal [4]. Celui-ci étant mort le 30 janvier 1718, sans laisser de postérité masculine, le roi, s'appuyant sur l'article 2 des lettres patentes de 1688, reprit le droit de no-

---

1. *Lettres patentes de* 1688, art. 5.

2. « *Nemo a Gymnasiarchis in collegia admittatur, et hospitio excipiatur, qui Religionem Catholicam et Apostolicam non amplectatur. Exteri qui adeunt collegia studij causa moneantur, ne de noua religione sermones inter condiscipulos, aut alios omnino conferant. Quod si neglexerint, aditu collegij prohibeatur.* » — *Statvta facvltatis artivm*, art. III.

3. *Recueil de la fondation du college Mazarini*, p. 5.

4. *Registre pour servir aux délibérations et arrestés de messieurs les inspecteurs du collége Mazarin, et grand-maistre*. Archives de l'Empire. MM, 463.

mination; mais en décembre 1728 il le céda à Philippe-Jules-François Mancini, duc de Nivernois, qui était petit-fils de Mazarin [1].

La liste des pensionnaires qui, dans l'espace de cent vingt ans, se succédèrent au collége des Quatre-Nations, présente peu de particularités intéressantes. Les registres de l'établissement sont même à cet égard un guide fort insuffisant, car ils indiquent rarement le prénom des élèves, et nous n'avons pu retrouver qu'un très-petit nombre des certificats délivrés par d'Hozier. Voici le résultat de consciencieuses recherches, faites un peu partout.

En 1691, un *de Beaufort* [2] et un *de Sainte-Aldegonde* sont admis comme pensionnaires; un *de Chaulnes* en 1696. En 1717, apparaît « *Philippe-François Bart*, natif de Dunkerque, petit-fils de Jean Bart, capitaine de vaisseau, et fils du sieur Bart, capitaine de vaisseau et chevalier de Saint-Louis [3]. » Trois ans plus tard, nous trouvons mentionné *Gaspard-François Bart*, sans doute le frère

---

1. *Registre pour servir aux délibérations et arrêtés de MM. les inspecteurs et grand-maître du collége Mazarin.* Archives de l'Empire. MM, 464.

2. La famille de Beaufort était fort ancienne, et subdivisée en un grand nombre de branches, successivement originaires du Limousin, de la Champagne, du Dauphiné, du Languedoc, de la Savoie et de l'Artois.

3. *Registre pour servir aux délibérations et arrestés de messieurs les inspecteurs du collége Mazarin, et grand-maistre.* Archives de l'Empire. MM, 463.

du précédent, mais rien ne l'indique[1]. Le XVIIIe siècle nous fournit encore : le savant compilateur *Jean-Pierre Niceron*[2] ; un sieur *Cambronne*, entré au collége en 1737 ; l'orientaliste *Étienne Fourmont*, et le célèbre avocat *Henri Cochin* ; le poëte *Destouches*, dont d'Alembert a prononcé l'éloge ; *Helvétius*, le père du philosophe ; *Crébillon* ; l'abbé *Goujet*, l'auteur de la *Bibliothèque française* ; l'astronome *Nic. de Lisle*, le chirurgien *François Morand*, l'acteur *Lekain*, le littérateur *Nicolas Charvey*, et le médecin *Pierre Demours*. Le président *Hénault*, élevé chez les Jésuites, vint faire sa philosophie au collége des Quatre-Nations[3]. *D'Alembert*, fils naturel de Mme de Tencin, recueilli par la femme d'un vitrier, fut mis en pension à douze ans, et entra au collége Mazarin en 1730. Le chimiste *Lavoisier* y fit aussi ses études. *Jean-Sylvain Bailly*, le futur maire de Paris, y étudia les mathématiques sous Lacaille. Enfin, en 1788, apparaît un sieur *Custines*, fils peut-être du fameux général.

De 1734 à 1753, trois membres de la famille de

---

1. La famille Bart fut anoblie par Louis XIV ; les lettres de noblesse sont insérées dans le *Mercure* d'octobre 1694. Le fils du fameux Jean Bart mourut à Dunkerque le 30 avril 1755, vice-amiral et grand-croix de Saint-Louis.
2. Goujet, *Éloge de J. P. Niceron*, dans les *Mémoires pour servir à l'histoire des hommes illustres de la république des lettres*, t. XL, p. 380.
3. Sainte-Beuve, *Le président Hénault*, dans le *Moniteur universel* du 18 décembre 1854.

Calonne prennent place parmi les pensionnaires, ce sont : *Charles-Alexandre de Calonne*, le célèbre contrôleur général des finances au début de la révolution; *Jacques-Ladislas de Calonne*, son frère[1], et *Jean-Baptiste de Calonne*. Cette période nous fournit encore : l'historien *Anquetil*, le poëte *Desforges*, le chimiste *Charles-Louis Cadet-Gassicourt*, le vétérinaire *Desplas*, le littérateur *Louis-Germain Petitain*, le chevalier *d'Eon*, et le poëte *Ecouchard*, surnommé Lebrun-Pindare : son père était valet de chambre du prince de Conti, dont l'hôtel touchait le collége. Le peintre *David* y étudia également; on raconte que, pendant une récréation, une pierre lancée par un de ses camarades l'atteignit au visage et lui cassa une dent; il survint une tumeur contre laquelle les ressources de la chirurgie furent impuissantes, et qui, en déformant ses traits, lui occasionna un embarras de prononciation qu'il conserva toute sa vie [2].

Parmi les noms qui se sont illustrés pendant le xixe siècle, citons : le géographe *Barbier du Bocage*, l'archéologue *Alexandre Lenoir*, fondateur du Musée des monuments français; le littérateur *Mehée de la Touche*, le mathématicien *Legendre*, le chansonnier *Désaugiers*, le jurisconsulte *Del-*

---

1. Sur la fâcheuse aventure qui lui arriva à la fin de ses études, voyez *la Chasteté du clergé dévoilée*, t. II, p. 220.

2. Miel, dans l'*Encyclopédie des gens du monde*, article David.

vincourt, l'auteur dramatique *Jean-Armand Charlemagne; François-Étienne Kellermann*, duc de Valmy, fils du célèbre maréchal de France ; l'avocat *Ferdinand Bonnet*, défenseur du général Moreau ; le peintre *Barthélemy Garnier*, *Louis-Joseph-Charles de Manne*, qui mourut en 1832 conservateur à la Bibliothèque royale; le général *Billard*, mort en 1855; *Benoiston de Chateauneuf*, mort membre de l'Institut en 1856, et le savant *Jomard*, mort il y a quelques mois.

Le collége des Quatre-Nations a eu peu de professeurs qui aient laissé un nom célèbre. Nous citerons pourtant le géomètre Pierre Varignon, qui y enseigna longtemps les sciences, et fut enterré dans les caveaux de la chapelle[1]. Le même honneur fut accordé au savant astronome Lacaille[2],

---

1. Savérien, *Histoire des Philosophes modernes*, t. V, p. 329. — Brice, *Description de Paris*, t. IV, p. 126.

2. Voici un fragment des lettres de faire part qui furent envoyées à sa mort : *Vous êtes priés d'assister au convoy et enterrement de Messire Nicolas-Louis de la Caille....., professeur de mathématiques au college Mazarin, décédé audit college; qui se fera ce jourd'huy lundi 22ème mars 1762 à 5 h. précises du soir, en l'église Saint-Sulpice, sa paroisse. Et au transport qui se fera ensuite en la chapelle du college Mazarin, où il sera inhumé.* REQUIESCAT IN PACE.

Quelques jours après, un service eut lieu au collége même, comme le constate le billet suivant : *Vous êtes prié de la part de Messieurs du college Mazarin de leur faire l'honneur d'assister au service qu'ils celebreront mercredi 31 mars 1762 dans leur chapelle, à dix heures précises, pour le repos de l'âme de Messire Nicolas-Louis de la Caille, professeur de mathématiques audit college.....*

dont les cours de mathématiques étaient très-appréciés et très-suivis. Quand il vint s'installer au collége, on lui fit élever, dans l'établissement même, un observatoire à toit tournant, « le plus commode qu'il y eut à Paris[1]; » il reposait en effet sur un des lourds massifs qui s'élèvent aux côtés de l'église, ce qui contribuait à donner aux instruments une complète immobilité. On voyait alors à Paris six petits observatoires de ce genre : au couvent des Capucins de la rue Saint-Honoré, à l'hôtel Cluny, au Collége royal de la place Cambrai, à l'abbaye de Sainte-Geneviève et à l'École militaire[2]. Sous le Directoire, Lakanal fit décider que celui du collége Mazarin serait mis à la disposition du Bureau des longitudes : il a été démoli lors de l'installation de l'Institut dans les bâtiments du collége. Lacaille eut pour successeur l'abbé Joseph-François Marie, qui mourut en 1801.

La chaire de seconde fut occupée, à partir de

On trouve la mention suivante sur les registres de la paroisse Saint-Sulpice pour 1762 : *Le vingt-deux mars mil sept cent soixante-deux, a été fait le convoy et ensuite le transport en clergé en la chapelle des Quatre-Nations, de messire Nicolas-Louis la Caille.... professeur de mathématiques au college Mazarin.... mort la veille audit college, âgé d'environ quarante-huit ans; témoins Me Ambroise Riballier, procureur dudit college, et Louis François de la Tour, libraire et imprimeur, qui ont signé.*

1. *Journal historique du voyage fait au cap de Bonne-Espérance par l'abbé de la Caille*, p. 95.
2. Thiéry, *Guide des Amateurs et des Etrangers*, t. II, p. 270.

1767, par Pierre-Charles Cosson qui, de son vivant, jouit d'une certaine notoriété. Il avait adopté un système d'enseignement fort original; convaincu que c'est méconnaître la nature humaine que de la conduire à la sagesse par la contrainte et la sévérité, il donnait ses leçons en forme de jeux. Son Tite Live à la main, il divisait les élèves en Carthaginois et en Romains : le rôle était distribué à chacun, le plan de campagne arrêté, les positions fixées, et les manœuvres s'exécutaient tout en expliquant l'auteur, dont les expressions restaient gravées dans la mémoire des jeunes combattants [1].

A la fin du XVIIIe siècle, Geoffroy (Julien-Louis), qui se fit plus tard un nom dans la critique littéraire, passa comme professeur de rhétorique du collége de Navarre au collége Mazarin.

---

1. Bouilliot, *Biographie ardennaise*, article Cosson.

VII

ORGANISATION INTERIEURE

VII

ORGANISATION INTERIEURE

CHAMBRES DES ÉLÈVES, LEUR MOBILIER. — LES REPAS : COUVERTS,
LINGE, VAISSELLE.
NOURRITURE : CONSOMMATION DU COLLÉGE ANNÉE MOYENNE,
PRIX DES DENRÉES ALIMENTAIRES EN 1689.
DIVISION DES CLASSES, PROFESSEURS. — PEINES CORPORELLES.
LES MARTINETS. — RÈGLEMENT INTÉRIEUR.
EMPLOI DE LA JOURNÉE. — RÉCRÉATIONS, PROMENADES, SORTIES,
EXERCICES RELIGIEUX.
DISTRIBUTION DES PRIX. — TRAGÉDIE.

La fâcheuse coutume de rassembler la nuit les élèves dans un dortoir commun était inconnue du collége des Quatre-Nations ; chaque pensionnaire avait sa chambre. La distribution des logements était faite au commencement de l'année par le grand-maître qui, autant que possible, réglait le partage de manière à placer ensemble les écoliers d'une même nation.

Les chambres avaient toutes à peu près la même

grandeur, et étaient éclairées par une seule fenêtre. Le mobilier, semblable dans toutes, se composait d'un lit, d'une table, et de trois chaises de paille. Le lit, en bois de chêne, avait six pieds de long sur trois de large; un traversin rempli de plumes, une paillasse et deux matelas recouverts de futaine le garnissaient[1]. Les rideaux étaient de serge d'Aumale verte, et bordés par un large galon.

La serge avait été achetée à Saint-Denis, en 1688, à la célèbre foire du Landy, il en avait fallu quinze cent cinquante aunes ; on eut le même jour soixante pièces de galon. Les matelas engloutirent deux mille quarante-huit livres de laine, les traversins quatre cents livres de plumes, et les paillasses trois quarterons de bottes de paille. On employa en outre deux cent quarante aunes de futaine pour recouvrir les premiers, et quatre-vingt-quatre aunes de coutil pour les seconds. Chaque paire de draps représentait six aunes de toile ; et chaque douzaine d'essuie-mains, quinze aunes[2].

---

1. *Registre pour servir aux délibérations et arrêtés de MM. les inspecteurs et grand-maître du collége Mazarin.* Archives de l'Empire. MM, 464.

2. Les quinze cent cinquante aunes de serge coûtèrent 1880 liv. 10 s.; les soixante pièces de galon, 49 liv. 5 s. 6 d. ; les deux mille quarante-huit livres de laine, 939 liv. 9 s. 9 d. ; les quatre cents livres de plumes, 300 liv. ; les bottes de paille, 27 liv. 10 s. ; les deux cent quarante aunes de futaine, 230 liv.; et les quatre-vingt-quatre aunes de coutil, 127 liv. 7 s. 7 d. *Compte que rend Me Charles Tharel d'Allo....* Archives de l'Empire. H, 2825.

Jusqu'en 1737, les élèves travaillaient dans leurs chambres. A cette époque, on fit établir à l'extrémité de chaque corridor, une salle d'étude qui réunit les écoliers pendant la journée [1].

Les chambres étaient d'ailleurs très-fréquemment visitées par les sous-maîtres, qui confisquaient sans pitié tous les objets défendus [2]. Après les mauvais livres et les bouteilles de liqueur, c'est sur les pierres à fusil et l'amadou qu'avait le plus souvent à se tourner leur colère.

Au réfectoire, les élèves se servaient de couverts d'argent qui étaient fournis par le Collége, et qui portaient les armes de Mazarin. Le service était fait dans de la vaisselle d'étain, les nappes étaient jaunes et les serviettes « demy-blanches. » Une lecture à haute voix, que les élèves faisaient tour à tour, avait lieu pendant chaque repas. Le premier ouvrage acheté dans ce but fut l'*Histoire de France* de Cordemoy, on lut ensuite la *Vie des Saints,* puis la *Bible* en latin.

---

1. *Registre pour servir aux délibérations et arrestés de messieurs les inspecteurs du collége Mazarin, et grand-maistre.* Archives de l'Empire. MM, 463.

2. C'était là une règle commune à tous les colléges de Paris, et qui devait s'appliquer même aux professeurs : *Gymnasiarchæ et collegiorum præfecti singulis mensibus lustrent cubicula, bibliothecas et libros magistrorum, quos regentes vocant, et scholasticorum, vt certiores fiant, an apud illos sint libri improbatæ doctrinæ, arma, aut alia ciusmodi disciplinæ scholasticæ repugnantia.* — *Statvta facvltatis artivm,* art. XX.

L'analyse des registres qui renferment les dépenses de la cuisine fournissent des renseignements curieux sur l'élévation toujours croissante du prix des denrées alimentaires. En 1689, le boulanger La Bretesche fournissait le *pain* au Collége moyennant 1 sol 4 d. la livre ; un muid de *vinaigre* coûtait 30 liv., et une voie de bois, 13 liv. 5 sols. La livre de *viande* se payait alors 3 sols 6 d. [1] ; en 1697, elle est augmentée de 6 d.[2]; en 1715, on la compte 6 sols 6 d. [3]; et en 1719, 9 sols [4]; en 1773, elle était descendue à 8 sols [5], et en 1786, elle valait 10 sols [6]; le prix avait donc doublé en cent ans. En 1696, la *chandelle* ne se payait encore que 9 sols la livre [7].

Le Collége consommait, année moyenne, dix-huit mille livres de viande, soixante-dix têtes de

---

1. *Compte que rend M⁰ Charles Tharel d'Allo...* Archives de l'Empire. H, 2825.

2. *Compte que rend M⁰ Charles Tharel d'Allo...* Archives de l'Empire. H, 2826.

3. *Compte que rend Jean-Robert Golier...* Archives de l'Empire. H, 2829.

4. *Compte que rend Nicolas Varnier...* Archives de l'Empire. H, 2829.

5. *Compte que rend messire Emmanuel-Clément-Chrétien Bruget...* Archives de l'Empire. H, 2835.

6 *Compte que rend messire André Raulin...* Archives de l'Empire. H, 2842.

7. *Compte que rend M⁰ Charles Tharel d'Allo...* Archives de l'Empire. H, 2826.

veau[1], sept cent quatre-vingt-cinq livres de beurre[2], cent trente-six livres de lard, et huit minots de sel. Les autres dépenses se répartissent ainsi : *vin*, sept mille livres environ, il provenait toujours de Joigny, d'Auxerre ou d'Orléans; *pain*, six mille livres; *pois, lentilles, haricots*, trois cents livres; *vinaigre* et *moutarde*, soixante livres ; *chauffage*, dix-huit cents livres, cette consommation se subdivisait ordinairement ainsi : quatre-vingt-quatorze voies de bois, quatre-vingts voies de charbon et quatorze cents fagots; *chandelles*, cinq cents livres ; *blanchissage*, cinq cents livres.

Nous verrons plus loin où le Collége puisait les fonds nécessaires pour faire face à toutes ces dépenses. On sait, en effet, que l'éducation y était entièrement gratuite ; les écoliers recevaient même, sur les fonds de l'établissement, cent livres pour leur entretien personnel et leurs menus plaisirs[3]. La faiblesse des grands-maîtres laissa peu à peu cette généreuse disposition s'altérer. C'est à Riballier que revient l'honneur d'avoir rendu à la fondation de Mazarin son véritable caractère.

Par suite d'abus qui, tolérés d'abord, avaient

---

1. *Compte que rend Jean-Robert Golier...* Archives de l'Empire. H, 2828.

2. En 1776, le beurre coûtait vingt sols la livre. *Compte que rend messire Emmanuel-Clément-Chrétien Bruget...* Archives de l'Empire. H, 2836.

3. *Lettres patentes* de 1688, article 8.

fini par se convertir en usage, les élèves en étaient arrivés à payer : en entrant, leurs meubles, sauf le lit ; plus, soixante-douze livres pour un droit, dit de bienvenue, qui se distribuait entre les sous-maîtres et les domestiques. Puis, chaque année, soixante-douze livres pour les étrennes, un louis d'or pour le blanchissage, trente livres environ pour papier, plumes, encre et livres de classe ; trente livres au moins pour « la chandelle qui sert à éclairer les élèves dans la salle d'étude et dans les chambres particulières ; » enfin, en cas de maladie, les visites du médecin, du chirurgien et la note de l'apothicaire. Riballier supprima toutes ces illégitimes redevances, mais il arrêta en même temps que les élèves cesseraient de recevoir les cent livres qui leur étaient attribuées par les lettres patentes[1].

Nemeitz, dans son ouvrage sur Paris, nous apprend qu'au collége des Quatre-Nations les écoliers « étaient nourris noblement et instruits fondamentalement en toutes sortes de sciences[2]. » Nous avons dit ce qu'était la nourriture, voyons comment était organisée l'instruction.

Dans nos colléges actuels, chaque classe se com-

---

1. *Registre pour servir aux délibérations et arrêtés de MM. les inspecteurs et grand-maître du collége Mazarin.* Archives de l'Empire. MM, 464.

2. J. C. Nemeitz, *Séjour de Paris, c'est-à-dire Instructions fidèles pour les voyageurs de condition*, t. II, p. 392.

pose de cinquante ou soixante élèves; au collége des Quatre-Nations, il y avait dix régents pour trente écoliers. Au premier abord, c'était tomber dans l'excès contraire; hâtons-nous donc de dire que les cours étaient suivis par un grand nombre d'élèves externes, qui n'avaient, d'ailleurs, aucun autre lien avec l'établissement. Depuis le commencement du xv⁰ siècle, tous les colléges de Paris ouvraient gratuitement leurs portes au public pendant l'heure des leçons; les écoliers qui profitaient de cette faveur portèrent longtemps le nom de *Martinets*[1], parce que, comme les hirondelles, ils volaient longtemps d'un endroit à l'autre avant de se fixer. Au xvıı⁰ siècle, le collége des Quatre-Nations était celui de toute l'Université qui recevait le plus d'auditeurs de ce genre[2]. Il devait en grande partie cette préférence à son cours de mathématiques, car c'était le seul collége de Paris où les sciences fussent réellement enseignées[3].

La division des classes, leur dénomination même,

---

[1]. Les écoliers appelés *martinets* « sont ceux qui n'étant enfermés dans aucun collége, mais logeant en maison bourgeoise, sortent de dessous les yeux du maître dès que la leçon est finie. » Crevier, *Histoire de l'Université*, t. VI, p. 33. — Voyez aussi Félibien, *Histoire de Paris*, t. II, p. 1058.

[2]. Lerouge, *Curiosités de Paris*, t. II, p. 137. — Nemeitz, *Séjour de Paris*, t. II, p. 392.

[3]. D'après les statuts de 1698, on devait, dans les colléges, enseigner aux écoliers, pendant la seconde année de philosophie, quelques livres d'Euclide.

étaient exactement celles qui sont adoptées aujourd'hui. L'ordre numérique se suivait sans interruption depuis la sixième jusqu'à la rhétorique ; venait ensuite la classe de mathématiques ; puis celles de physique et de logique, toutes deux désignées sous le nom de philosophie [1].

Les mauvais traitements infligés par les professeurs à leurs élèves étaient une des plus honteuses traditions de l'Université. Rabelais, parlant des écoliers du collége de Montaigu, déclarait que « mieulx sont traictez les forcez (*forçats*) entre les Maures, les meurtriers en la prison criminelle, voyre certes chiens en vostre maison [2]. » Montaigne avait protesté aussi : « quelle manière, dit-il, pour esveiller l'appétit envers leur leçon, à ces tendres âmes, et craintives, de les y guider d'une trogne effroyable, les mains armées de fouets !... Combien leurs classes seroient plus décemment jonchées de fleurs et de feuillées, que de tronçons d'osiers sanglants [3] ! » Ce barbare système des peines corporelles fut, dès l'origine, en usage au collége des Quatre-Nations. Un des domestiques de l'établissement, le frotteur en général, faisait l'office de *correcteur* ; ce titre ne figure cependant sur les registres qu'à partir de 1782 [4]. S'il faut en croire

---

1. Mercier, *Tableau de Paris*, t. V, p. 142.
2. *Gargantua*, liv. I, chap. 37.
3. *Essais*, liv. I, chap. 25.
4. *Compte que rend messire Emmanuel-Clément-Chrétien Bruget...* Archives de l'Empire. H, 2835.

Mercier, très mauvaise langue, comme on sait, les corrections engendraient souvent de graves désordres, et même des scènes tragiques ; il raconte qu'un écolier de rhétorique, transporté de colère, se retourna contre l'exécuteur et le tua d'un coup de canif [1].

Mercier ne nous dit pas quelle peine fut infligée à l'auteur de ce meurtre, un peu atténué, au reste, par la cause qui l'avait fait naître. Les exclusions étaient d'ailleurs fort rares au collège des Quatre-Nations, le premier exemple que nous en ayons rencontré remonte à l'année 1719. Le 22 octobre, le Conseil prononça cette sentence contre le jeune Henri de Blasnes, « à cause de ses mauvaises mœurs, » dit le procès-verbal. Le cas était même si grave que le grand-maître ne voulait pas faire connaître à la famille le motif du renvoi ; M. de Blasnes l'y força, car il intenta un procès au collège pour le forcer à reprendre son fils [2].

Les collèges n'avaient pas encore adopté l'étrange coutume de faire coucher les écoliers, ou de les envoyer dîner au son du tambour ; une cloche suffisait pour régler tous les exercices.

A cinq heures et demie du matin, un domestique entrait dans chaque chambre, réveillait l'élève

---

1. Mercier, *Tableau de Paris*, t. V, p. 145.
2. *Registre pour servir aux délibérations et arrestés de messieurs les inspecteurs du college Mazarin, et grand-maistre*. Archives de l'Empire. MM, 463, p. 26 et suiv.

— 112 —

et lui donnait de la lumière. Un quart d'heure après, tous les pensionnaires devaient être réunis dans les salles d'étude; on faisait la prière, et le travail n'était interrompu qu'à sept heures un quart pour le déjeuner. Le dîner avait lieu à onze heures trois quarts, et était suivi d'une récréation qui durait jusqu'à une heure. Au milieu de la journée, un goûter très-léger permettait d'attendre sept heures, moment du souper. A neuf heures, on conduisait les élèves dans leurs chambres, et on les y enfermait à clef; dans la crainte du feu, il leur était recommandé d'éteindre leur chandelle au milieu de la pièce [1].

Les récréations avaient lieu dans la deuxième cour du Collége, la plus vaste qu'il y eût à Paris; et les élèves avaient, dans une salle spéciale, un billard à leur disposition [2]. Deux fois par semaine, de une à quatre heures et demie en hiver, et de trois à sept heures en été, ils étaient conduits en promenade. Les dimanches et jours de fête, les permissions de sortie, délivrées en général par le principal, étaient remises au portier; celui-ci y inscrivait l'heure du départ et celle de la rentrée qui devait avoir lieu au plus tard à sept heures.

---

1. *Registre pour servir aux délibérations et arrestés de messieurs les inspecteurs du college Mazarin, et grand-maistre.* Archives de l'Empire. MM, 463.

2. *Registre pour servir aux délibérations et arrestés de messieurs les inspecteurs du college Mazarin, et grand-maistre.* Archives de l'Empire. MM, 463, p. 13.

Les exercices religieux s'accomplissaient sous la surveillance du chapelain. Tous les dimanches à huit heures, les élèves allaient dans la chapelle du collége entendre la messe. Elle était suivie d'une lecture pieuse, et d'une instruction faite par le grand-maître. Chaque pensionnaire devait se confesser une fois par mois.

La clôture de l'année scolaire était marquée par deux solennités : la distribution des prix et la tragédie[1]. Le libraire Thiboust fut très-longtemps chargé de la fourniture et de la reliure des livres donnés en prix ; leur nombre variait entre cent et cent trente. Tous portaient sur les plats les armes de Mazarin, et leur reliure revenait en moyenne à vingt sols par volume.

Les frais occasionnés par la tragédie étaient plus considérables. L'impression des billets d'entrée et des programmes coûtait vingt livres, on distribuait quarante livres aux musiciens et aux suisses chargés de maintenir l'ordre ; le tapissier, pour la tenture de la salle, prenait cent livres, et le charpentier cent vingt livres environ pour la construction de la scène et des gradins[2]. La location des

---

1. Sur l'origine de ces représentations dans les colléges, voyez Félibien, *Histoire de Paris*, t. II, p. 728 ; t. IV, p. 634 et 674, et t. V, p. 25. On allait jusqu'à faire afficher dans les carrefours le programme de la soirée.
2. *Compte que rend messire Barthélemy de la Fleutrie...* Archives de l'Empire. H, 2831. — *Compte que rend messire Emmanuel-Clément-Chrétien Bruget...* Archives de l'Empire. H, 2835.

décors et des costumes était à la charge des élèves, il en résulta que les parents défendirent parfois à leurs enfants d'accepter des rôles. Le jeune Lekain, dont le père était trop pauvre pour supporter les frais de cette fête, n'y prenait part que comme souffleur, et on raconte que l'instinct tragique qui se révélait déjà chez lui lui inspirait des réflexions et des conseils que ses camarades recherchaient avec avidité[1]. Pendant quelques années, on dut suspendre ces représentations, elles reprirent en 1763; à cette époque, on acheta au collége du Plessis des décors et des costumes dont il n'avait plus l'emploi[2].

---

1. Ed. de Manne, dans la *Nouvelle Biographie générale*, t. XXX, p. 523.
2. *Registre pour servir aux délibérations et arrêtés de MM. les inspecteurs et grand-maître du collége Mazarin*. Archives de l'Empire. MM, 464.

VIII

ADMINISTRATION FINANCIERE

VIII

ADMINISTRATION FINANCIÈRE

ÉTAT DES RECETTES ET DES DÉPENSES DU COLLÉGE AU XVIIe SIÈCLE,
GAGES DES EMPLOYÉS,
IMPOTS, ÉCLAIRAGE, CHAUFFAGE, BLANCHISSAGE,
PAIN, VIN, VIANDE, BEURRE, ETC.
LES LOCATAIRES DU COLLÉGE
AUGMENTATION QUE SUBISSENT LES LOYERS ENTRE 1689 ET 1789.
LA RÉGENCE. — CONTRIBUTIONS PATRIOTIQUES.

Le collége des Quatre-Nations passait à juste titre pour le plus riche de Paris. Nous allons tâcher d'établir clairement quelle était sa situation financière.

Ses recettes se composaient :

1° De la mense abbatiale[1] de Saint-Michel-en-l'Herm,

---

1. On appelait *mense abbatiale* la partie des revenus d'un monastère qui était spécialement affectée aux dépenses de l'abbé.

2° D'une rente sur les gabelles,

3° D'une rente sur le trésor,

4° Du loyer des appartements situés sur la place du Collége et dans le pavillon des Arts,

5° Du loyer des boutiques qui entouraient la façade,

6° Du loyer de seize maisons sises rue Mazarine et rue Guénégaud.

La mense abbatiale de Saint-Michel-en-l'Herm avait été léguée au collége par Mazarin. Son revenu, qui dépassa soixante mille livres, fut parfois aussi inférieur à vingt mille. On peut l'évaluer, année moyenne, à trente-cinq mille livres [1].

La rente sur les gabelles était également due à la générosité du fondateur. Elle devait normalement rapporter quinze mille livres.

La rente sur le trésor produisait douze mille

---

1. L'abbaye était alors occupée par des Bénédictins. En 1664, quatre des exécuteurs testamentaires, voulant procéder à la réalisation des volontés de Mazarin, conclurent le 18 août, avec les religieux, une transaction par laquelle ils leur assignèrent des pensions de retraite, « moyennant quoy ceux cy, par le même acte, consentirent que leurs maisons, les lieux réguliers et autres batimens de l'abbaye, leur mense conventuelle, et tous les biens et droits en dépendant, fussent unis et incorporés au college Mazarin, avec promesse de leur part de laisser le monastère et tous ses batimens libres dans les derniers jours de la même année; et les parties convinrent que, en attendant l'établissement du college, le tout seroit administré par M. Mariage. » *Mémoire pour les Inspecteurs, Grand-Maître et procureur du Collége Mazarin, contre les Prieur et religieux de l'abbaye de Saint-Michel-en-l'Herm*, in-folio, s. l. n. d., p. 3.

livres. Le capital placé se composait de deux cent quarante mille livres.

Deux appartements, donnant sur la place du Collége, étaient loués à des particuliers.

Le premier s'étendait entre la porte d'entrée et la chapelle; c'est celui qu'occupe aujourd'hui M. S. de Sacy. Le loyer, qui était de sept cents livres en 1699, fut porté à mille livres en 1732. A cette date, il appartenait à M. de Bréhan, conseiller au grand conseil [1]; celui-ci fut remplacé vers 1745 par la comtesse de Raymond, et le prix de location porté à treize cent cinquante livres [2].

Le second de ces appartements était beaucoup plus vaste; il comprenait toute la façade située entre la chapelle et le pavillon des Arts. En 1674, il était loué douze cents livres à M. de Villesdoin [3]; en 1689, on l'augmenta de trois cents livres [4]; enfin, en 1789, le sieur Langlois, ancien administrateur des hôpitaux militaires, le payait seize cent vingt livres [5].

---

1. *Compte que rend messire Barthélemy de la Fleutrie...* Archives de l'Empire. H, 2830.

2. *Compte que rend messire Barthélemy de la Fleutrie...* Archives de l'Empire. H, 2833.

3. *Compte que rend Simon Mariage, conseiller du Roy...* Archives de l'Empire. H, 2823.

4. *Compte que rend Mc Charles Tharel d'Allo...* Archives de l'Empire. H, 2825.

5. *Compte que rend messire André Raulin...* Archives de l'Empire. H, 2842.

Le revenu de deux logements établis dans le pavillon des Arts varia entre quatre cents et neuf cents livres. Pendant fort longtemps l'un fut occupé par le peintre Jouvenet [1] ; l'autre par un sieur Roger, « secrétaire de messieurs les princes de Conty. »

Le prix de location des vingt-quatre boutiques qui bordaient la façade du collége fut plus que doublé dans l'espace de cent ans. Les sept premières étaient louées ensemble douze cents livres en 1698 [2], douze cent quatre-vingt-dix livres en 1745 [3], et deux mille sept cents livres en 1789 [4]. Le revenu des vingt-quatre boutiques était, en 1696, de huit mille livres environ [5]. Ce chiffre comprend les sommes perçues pour le loyer de quelques échoppes adossées au collége, près de la rue de Seine, et pour plusieurs chambres et greniers situés dans l'établissement, et qui servaient de dépôt à différents commerçants [6].

Nous n'avons encore mentionné qu'en passant

---

1. G. Brice, *Description de Paris*, t. IV, p. 132.
2. *Compte que rend M° Charles Tharel d'Allo...* Archives de l'Empire. H, 2826.
3. *Compte que rend messire Barthélemy de la Fleutrie...* Archives de l'Empire. H, 2833.
4. *Compte que rend messire André Raulin...* Archives de l'Empire. H, 2842.
5. *Compte que rend M° Charles Tharel d'Allo...* Archives de l'Empire. H, 2825.
6. *Registre pour servir aux délibérations et arrestés de messieurs les inspecteurs du college Mazarin, et grand-maistre.* Archives de l'Empire. MM, 463.

les seize maisons que le collége possédait rue Mazarine et rue Guénégaud. Elles avaient été prêtes plus promptement que le collége, car la plupart des baux datent de 1664[1]. L'aspect des lieux qu'elles occupaient n'ayant presque subi aucun changement depuis cette époque, il est facile de se rendre un compte exact de leur situation.

La première « touchait la porte de la cour des cuisines » qui, de ce côté, sert encore d'entrée au palais de l'Institut. Elle était suivie de six autres qui formaient toute la face gauche de la rue Mazarine jusqu'à la rue Guénégaud. Les septième et huitième maisons étaient adossées l'une à l'autre, et faisaient le coin de ces deux rues; les quatre maisons placées à la suite de la huitième appartenaient encore au collége. La treizième était située, du côté opposé, à l'angle des deux mêmes rues; et les trois dernières s'étendaient à la suite, ayant leurs façades sur la rue Mazarine.

Le prix des loyers fut longtemps à peu près le même pour chaque maison. En 1670, le premier étage se payait ordinairement six cents livres; le deuxième, trois cents livres; le troisième, cent vingt livres; le quatrième, quatre-vingts, et les boutiques, cent vingt[2].

---

1. *Compte rendu par M. Mariage, trésorier du college Mazarinj...* Archives de l'Empire. H, 2822.

2. *Compte rendu par M. Mariage, trésorier du college Mazarinj...* Archives de l'Empire. H, 2822.

Ces prix furent successivement augmentés. En 1745, M. de Brehan, devenu doyen des conseillers au grand conseil, quittait son logement de la place du Collége et venait habiter le premier étage de la quatrième maison, il le payait douze cent quatre-vingts livres [1]. Soixante ans auparavant, le deuxième étage de la même maison était loué trois cents livres seulement par « le sieur Lange et la damoiselle Diamantine sa femme, comédiens italiens [2]. »

La cinquième maison est presque partout désignée sous le nom d'*Hôtel de Flandres*, la quinzième était dite *Hôtel d'Anvers*, et la seizième *Hôtel d'Orléans*. Des dénominations de ce genre, tirées souvent d'une circonstance particulière à la maison, étaient encore fréquentes au xviie siècle, et n'indiquaient nullement l'existence d'un *hôtel garni* dans le sens que nous attachons aujourd'hui à ce mot. Constatons pourtant que la rue Mazarine posséda toujours un grand nombre de ces établissements. On y trouvait, en 1742, les hôtels : *des Quatre-Nations, de la Toison-d'Or, de Hollande, de Bourgogne, de Calais, de Picardie et de Flandres* [3]. Nous voyons encore mentionné l'*hôtel de Flandres*, situé rue Mazarine, dans le chapitre

---

1. *Compte que rend messire Barthélemy de la Fleutrie..* Archives de l'Empire. H, 2833.

2. *Compte que rend Simon Mariage, conseiller du Roy...* Archives de l'Empire. H, 2823.

3. *Les rues de Paris, avec les quays, ponts, fauxbourgs, portes, hotels, hotelleries,* etc., p. 198 à 207.

« Hostels et chambres garnies, » d'un ouvrage publié en 1760 [1].

Les seize maisons rapportèrent dix-huit mille livres en 1696 et dix-sept mille seulement en 1745. Mais tous les appartements étaient loin d'être occupés, et les locataires ne payaient pas toujours très-exactement leur terme. Il est vrai que, dans ce cas, le collége faisait sans pitié vendre leurs meubles [2].

La bibliothèque avait ses revenus particuliers. Ils se composaient d'une somme de mille livres qui lui étaient allouées sur les fonds de l'établissement pour achats de livres, et de dix-sept mille deux cent quarante-huit livres placées sur l'Hôtel de Ville; cette somme provenait de la vente des manuscrits de Mazarin qui, en 1684, avaient été achetés par le roi [3]. En 1690, ces dix-sept mille deux cent quarante-huit livres donnaient un intérêt de sept cent cinquante-neuf livres; en 1760, il était tombé à quatre cent trente-trois livres; et en 1792, elles ne rapportaient plus que quatre cent trente-une livres dix sols [4].

---

1. *Etat ou Tableau de la ville de Paris, considérée relativement au nécessaire, à l'utile, à l'agréable et à l'administration*, p. 68.

2. *Registre pour servir aux délibérations et arrêtés de MM. les inspecteurs et grand-maître du collége Mazarin*. Archives de l'Empire. MM, 464, p. 47.

3. Voyez A.-F, *histoire de la bibliothèque Mazarine*, p. 118 à 122.

4. A.-F, *Histoire de la bibliothèque Mazarine*, p. 127, 133 et 140.

Les dépenses annuelles du collége étaient naturellement soumises à des fluctuations très-nombreuses. Nous allons les indiquer en chiffres ronds, calculés sur une moyenne de trente années, que nous avons fixée vers 1700. Réglées sur ces bases, elles se décomposent ainsi :

Appointements des fonctionnaires supérieurs et des professeurs.	14,000 liv.
Gages des domestiques.	3,000
Pension de 100 liv. à chaque élève[1].	3,000
Réparations faites au collége et aux seize maisons.	3,000
Impôts, taxe des boues et lanternes, etc.	8,000
Frais de procès.	1,000
Vin.	7,000
Pain.	6,000
Viande de boucherie.	5,000
Beurre.	800
Sel.	500
Lard.	250
Légumes, vinaigre, moutarde, huile, verjus, épices.	5,000
Éclairage.	700
Chauffage.	1,800

---

[1]. « Pour les habits et linges de leurs personnes », disent les *Lettres patentes* de 1688, article 8.

Blanchissage   500
Entretien du mobilier, de la vaisselle et du linge.   600
Distribution des prix et tragédie. .   500

Sous la Régence, le collége ressentit le contre-coup de la crise financière qui bouleversa Paris. A cette époque, les procès-verbaux des séances du conseil sont remplis du récit des pertes causées à l'établissement par les diminutions successives que subissaient les espèces métalliques. En août 1719, chaque louis d'or perd vingt sols; en décembre, nouvelle diminution de vingt sols par louis et de quatre sols par écu. Enfin, en 1720, la débâcle devient complète; laissons parler le procès-verbal : « Aiant tiré du thresor [1] les espèces d'or et d'argent montant à la somme de 12,848 liv., tant en écus de 8 liv. qu'en louis d'or de 48 liv., et 2 liv. 8 sols en monnoie; on y a remis 500 liv.,

---

1. Le *trésor* de chaque collége était déposé dans un coffre qui fermait à trois clefs, le supérieur en avait une, le procureur une autre, et le plus ancien des boursiers la troisième. « En iceluy coffre sont gardez les principaux priuileges et tiltres de la Maison, l'argent monnoyé, et le grand seau auquel est insculpée l'image du fondateur; et toutes ces choses se doiuent visiter et inuentorier vne fois l'an.» Dubreuil, *Théatre des Antiqvitez de Paris*, p. 531.—Au collége des Quatre-Nations, ce coffre était remplacé par une grande armoire de chêne qui était scellée dans l'antichambre du logement du procureur. Voyez aux Archives la liasse inventoriée, Q, 1274.

on a donné 500 liv. à Varnier pour la dépense courante, et on lui a laissé 500 liv. qu'il remettra au sieur Ledoux, officier du collége, pareillement pour la dépense courante. Quant à la somme de 11,348 liv. restante, Messieurs, pour obeir à l'arret du........[1] qui deffend sous des peines griéues de garder plus de 500 liv., ont été d'auis de la faire porter à la banque roiale pour être conuertië en billets de banque [2]. »

Soixante ans plus tard, la Révolution vint à son tour forcer le collége à ouvrir sa caisse en faveur de l'État.

L'Assemblée nationale avait fixé au quart du revenu la contribution patriotique qu'elle imposait à la France. Une première assemblée des inspecteurs arrêta que le collége ferait remettre au trésor une somme de quatre mille livres [3]. Après réflexion, on craignit que ce chiffre ne fût jugé par trop invraisemblable ; une seconde séance eut lieu, et « un de messieurs les inspecteurs ayant representé que, quoique la somme de 4,000 liv. à laquelle avoit été fixée la contribution patriotique

---

1. En blanc sur le registre.

2. *Registre pour servir aux délibérations et arrestés de messieurs les inspecteurs du college Mazarin, et grand-maistre.* Archives de l'Empire. MM, 463 ; séance du 16 mars 1720, p. 29.

3. *Registre pour servir aux délibérations et arrétés de MM. les inspecteurs et grand-maître du collége Mazarin.* Archives de l'Empire. MM, 464 ; séance du 28 octobre 1789.

du college par la deliberation précedente, fût avec les revenus du college dans la proportion fixée par l'Assemblée nationale, il étoit cependant raisonable que le college fît un effort, et montrât par une contribution plus forte un plus grand attachement à la chose publique : après deliberation, en presence de MM. les députés de la maison de Sorbonne nommés à cet effet [1], » on accorda huit mille livres à la Révolution.

Pour prix des bienfaits qu'elle portait dans son sein, elle allait bientôt exiger de nouveaux sacrifices.

---

1. *Registre pour servir aux délibérations et arrêtés de MM. les inspecteurs et grand-maître du collége Mazarin.* Archives de l'Empire. MM, 464; séance du 1er février 1790.

IX

L'INSTITUT DE FRANCE

IX

L'INSTITUT DE FRANCE

L'UNIVERSITÉ DISPARAIT. — L'INSTRUCTION PUBLIQUE RÉORGANISÉE.
FONDATION DE L'INSTITUT DE FRANCE.
SON INSTALLATION DANS LES BATIMENTS DU COLLÈGE.

Aucune loi spéciale ne prononça la suppression de l'Université. Le monument était si vieux, si décrépit, qu'il s'écroula de lui-même au milieu de la tourmente révolutionnaire, et que le bruit de sa chute fut à peine entendu.

Le 29 juillet 1789, M. Dumouchel, le dernier recteur qu'ait eu l'Université [1] se présenta, accompagné des procureurs des quatre Facultés, à la

---

1. Ce Dumouchel, qui était alors député, fut élu évêque de Nîmes en 1791. Il rentra dans la vie civile en 1794, se maria, devint chef de bureau au ministère de l'instruction publique, fut mis à la retraite en 1814, et mourut en 1820. — Voyez Rabbe, *Biographie universelle des Contemporains*; et P. Boiteau, *État de la France en 1789*, p. 453.

barre de l'Assemblée nationale ; il fit acte d'adhésion aux nouveaux principes politiques, et pria les représentants de jeter les bases d'une organisation universitaire qui conduisît à une « éducation vraiment nationale [1]. » « L'Université commence donc à se douter, dit à ce sujet Mirabeau, que l'éducation des colléges ne répond ni aux besoins de l'humanité, ni aux vœux de la patrie [2]. »

L'Assemblée nationale déclara le 22 décembre 1789 qu'il serait « établi une instruction publique, commune à tous les citoyens, et gratuite à l'égard des parties de l'enseignement indispensables à tous les hommes ; » mais, malgré les efforts de Talleyrand, elle ajourna tous les projets de réorganisation qui lui furent présentés. Elle supprima la Sorbonne, mais voulut conserver provisoirement les établissements qui en dépendaient : de ce nombre était le collége des Quatre-Nations. L'Assemblée législative, fidèle aux mêmes principes, plaça les colléges sous la surveillance des autorités administratives. Elle ordonna même, en janvier 1792, au ministre de l'intérieur d'allouer une somme de cent cinquante mille francs pour l'entretien de ceux qui auraient perdu leur revenu par suite de la loi sur les dîmes, les bénéfices et les redevances féodales.

---

1. *Moniteur universel*, n° du 30 juillet 1789. — Lameth, *Histoire de l'Assemblée constituante*, t. I, p. 79.
2. Mirabeau, *Courrier de Provence*, n° 21, p. 25.

Le collége des Quatre-Nations, quoique dominé par le sentiment de sa ruine prochaine, subsistait donc encore. Mais, en vérité, est-ce bien lui ? Le titre si poétique de *Messire*, que prenait le grand-maître, et même le procureur, est remplacé par l'appellation égalitaire ; les locataires les plus riches émigrent sans payer leurs loyers, et le caissier se laisse donner deux faux assignats de mille livres. Le pauvre homme, habitué à la monotone comptabilité de l'ancien régime, avait bien un peu le droit de perdre la tête en se voyant forcé d'inscrire sur ses livres des dépenses comme celle-ci : *au citoyen Regnez, peintre, pour inscription civique, 15 liv.;* ou encore : *pour l'équipement de quatre volontaires envoyés aux frontières, 910 liv.* [1] Aussi, au lieu des beaux registres in-folio qui contenaient, année par année, l'histoire financière du Collége, ne trouvons-nous plus qu'une maigre liasse de feuilles mal écrites. On lit sur la page qui leur sert de couverture : « *J'ai remis au citoyen D'Outactaine, le 22 prairial an II, la déclaration des biens du collége des Quatre-Nations, faite par le citoyen Brion, procureur du Collége.* » Au-dessous d'une autre écriture : « *N^a. Le compte ci-joint, rendu pour l'année 1791, annonce que le précédent a été rendu aux commissaires de l'in-*

---

1. *Compte du collége des Quatre-Nations, du* 24 mai 1791 au mois de mai 1793, à la suite des comptes de Raulin. Archives de l'Empire, H, 2842.

struction publique et arrêté par le département au mois de juillet 1791. » Puis, de la même main : « *Ce 1ᵉʳ thermidor an III, le citoyen Brion, cidevant procureur rendant compte, est à Paris, rue de Seine, nº 1405, pour environ deux mois. Ensuite, il doit faire sa résidence à Saint-Mihel, département de la Meuse.* » Les comptes de la bibliothèque du Collége ne sont pas mieux tenus ; il n'y a pas eu de rédaction, on s'est contenté de ranger par ordre chronologique les mémoires des fournisseurs [1].

Le collége des Quatre-Nations étant dirigé exclusivement par des ecclésiastiques, la constitution civile du clergé lui porta un coup dont il ne se releva point. Le grand-maître, les inspecteurs et le bibliothécaire refusèrent de prêter serment à une loi qui blessait leurs principes religieux ; ils furent en conséquence considérés comme démissionnaires, et le Directoire de Paris dut pourvoir à leur remplacement. Il plaça le Collége sous une commission de surveillance composée de l'abbé Leblond qui venait d'être nommé bibliothécaire, et des professeurs Dupuis, Chapelain, Hauchecorne et Letellier, auxquels fut adjoint le principal Forestier [2]. Le Collége fut alors appelé *Collége de*

---

1. A.-F., *histoire de la Bibliothèque Mazarine*, p. 141 et 142.
2. *Extrait des registres des délibérations du directoire du département de Paris*, séance du 10 juin 1791. Archives de l'Empire, MM, 464.

l'Unité, du nom donné à la section de Paris dans laquelle il était situé[1].

Enfin, la Convention, dans sa séance du 8 mars 1793, ordonna de vendre, au profit de l'État, les biens formant la dotation des Colléges. C'était, en fait, les supprimer. Le palais des Quatre-Nations fut alors transformé en maison d'arrêt, et le comité central de salut public y tint ses séances. On apercevait encore, il y a peu de temps, autour des fenêtres de la seconde cour, les traces laissées par les grilles de fer qui y avaient été posées à cette époque. L'historien Michaud, arrêté après le 13 vendémiaire par ordre de Bourdon de l'Oise, fut emprisonné au collège des Quatre-Nations[2].

Une loi du 29 frimaire an II proclama la liberté absolue de l'enseignement, et l'année suivante, l'instruction publique fut réorganisée dans toute la France. Chaque canton devait posséder une école primaire, et chaque agglomération de trois cent mille habitants, une école centrale supérieure[3]. On en ouvrit quatre à Paris, et l'une d'elles fut installée dans les bâtiments du collége des Quatre-Nations. Nous avons peu de détails sur

---

1. *Procès-verbal constatant la remise des titres de propriété des biens appartenant au collége Mazarin.* Archives de l'Empire, P, 1274.

2. Poujoulat, dans la *Nouvelle Biographie générale,* t. XXXV, p. 330.

3. Merlin, *Questions de droit,* t. XVIII, p. 231.

cette création éphémère; nous avons cependant retrouvé le nom de deux élèves qui y étudièrent; ce sont l'ingénieur Guepratte, qui vivait encore en 1859 [1], et Millevoye qui y entra en 1795, et y remporta le premier prix de littérature [2].

Un décret du 11 octobre 1801 affecta le palais Mazarin aux Écoles des beaux-arts.

Ce ne devait pas être sa dernière transformation. Le titre IV de la loi du 29 frimaire réorganisait les anciennes académies, qu'un décret du 8 août 1793 avait supprimées. La Convention, dans son avant-dernière séance, arrêta donc la formation de l'INSTITUT NATIONAL DES SCIENCES ET DES ARTS, qui, établi à Paris, était destiné, suivant les termes mêmes de la loi « à perfectionner les sciences et les arts par des recherches non interrompues, par la publication des découvertes, par la correspondance avec les sociétés savantes et étrangères; et à suivre les travaux scientifiques et littéraires qui auraient pour objet l'utilité générale et la gloire de la république [3]. » Il était divisé en trois classes et composé de cent quarante-quatre membres. Il fut installé au Louvre [4], dans le local qu'avait précédemment

---

1. *Nouvelle Biographie générale*, t. XXII, p. 389.

2. Pongerville, dans la *Nouvelle Biographie générale*, t. XXXV, p. 231.

3. *Loi du 3 brumaire an IV*, titre IV, art. 1er.

4. La cour du Louvre était alors, comme aujourd'hui celle du palais de l'Institut, occupée par plusieurs artistes qui avaient, au rez-de-chaussée, leurs ateliers et

occupé l'Académie française ; et, jusqu'en 1805, il tint ses séances publiques dans la galerie du rez-de-chaussée qui portait le nom de *salle des gardes*[1].

En 1801, l'Institut reçut du premier consul une organisation nouvelle ; en même temps, on dut songer à lui faire abandonner le Louvre, dont la restauration et l'achèvement venaient d'être décidés.

On chercha longtemps un local convenable, vers le centre de la capitale ; et le choix se fixa enfin sur le palais des Quatre-Nations[2].

M. Vaudoyer fut alors chargé d'approprier les bâtiments du Collége à leur nouvelle destination.

---

même leur logement. Ces concessions datent de Henri IV. G. Brice, dans un chapitre intitulé : *Les illustres logez sous la grande galerie du Louvre*, donne la liste des personnes qui jouissaient de cette faveur en 1725 ; nous y remarquons le célèbre ébéniste Boule, les peintres Coypel et Louis Sylvestre, les statuaires Coustou et Frémin, et Germain, le fameux orfévre. G. Brice, *Description de Paris*, t. I, p. 159 à 162.—Voyez encore dans l'ouvrage de M. de Marolles, *Paris ov Description svccincte, et neantmoins assez ample de cette grande ville*, p. 53, le paragraphe qui a pour titre : *Qvelqves peintres, sevlptevrs et ingenievrs logez dans les galeries du Louvre*. — C'est en l'an XII que furent établis, dans la seconde cour de l'Institut, les six premiers ateliers de sculpteurs. — Archives de l'Empire. carton F[13], 1176.

1. Vaudoyer, *Plan, coupe et élévation de l'Institut impérial de France, suivant la nouvelle restauration*, p. 1.

2. Le décret qui ordonne la translation de l'Institut dans les bâtiments du collége est du 10 ventôse an XIII.

Nous avons énuméré plus haut les modifications qui furent faites alors dans ce but[1]. L'installation définitive de l'Institut eut lieu en août 1806, et l'inauguration de la salle des séances publiques fut faite le 4 octobre de la même année, par la classe des beaux-arts.

---

1. Voyez le chapitre IV.

APPENDICE

I

ACTE DE FONDATION
DU COLLÉGE DES QUATRE-NATIONS [1]

PARDEVANT Nicolas le Vasseur et François le Fouïn Notaires Gardenotes du Roy nostre Sire au Chastelet de Paris, soussignez. Fut present Tres-Illustre et Eminentissime Monseigneur Jules Cardi-

---

1. Cette pièce a été publiée pour la première fois dans un volume qui est devenu à peu près introuvable et qui a pour titre : *Recueil de la fondation du college Mazarini : Lettres patentes et arrests d'enregistrement, Concordat pour l'introduction des religieux Réformez de la Congrégation de Saint-Maur en l'Abbaye de Saint Michel en l'Herm, Bulles de cour de Rome de l'Union de ladite Abbaye audit College Mazarini, Sentence de Fulmination desdites Bulles, L'acte d'aggregation dudit College à l'Université de Paris, et autres Actes concernant ladite Fondation*. C'est en effet bien réellement un Recueil, car les différentes pièces qu'il contient ont été

— 142 —

nal Mazarini, Duc de Nivernois et Donziois, Pair de France, estant de present en son appartement, au Chasteau de Vincennes, lequel a déclaré que depuis long-temps il avoit fait dessein d'employer en des œuvres de piété et de charité une somme considérable des grands biens qu'il a receûs de sa divine Bonté, et de la magnificence du Roy, depuis qu'il a l'honneur d'estre employé aux plus importantes affaires de Sa Majesté. Qu'afin de parvenir à l'exécution de ce dessein, par une Fondation qui pust estre à la gloire de Dieu, et à l'avantage de l'Estat, il avoit fait de temps en temps un amas de deniers comptans, par des œconomies et des épargnes des effets à luy appartenans. Mais qu'ayant connu par experience, qu'il estoit absolument necessaire d'avoir un fonds assûré de réserve, pour subvenir aux incertitudes des évenemens et aux occasions pressantes et inopinées, principalement durant une guerre très-fâcheuse, et contre de puissans ennemis; et son Eminence

---

imprimées séparément, et ont chacune leur pagination distincte. Le texte que nous donnons ici est reproduit d'après l'exemplaire de la bibliothèque Mazarine ; cet exemplaire a appartenu autrefois à la bibliothèque de la Sorbonne, et est d'autant plus curieux que deux des pièces qu'il renferme portent des signatures autographes: celle de Simon Mariage, secrétaire du roi, délégué pour le collége des Quatre-Nations, et celle d'Egasse Duboulay, alors recteur de l'Université. On a enlevé le bas d'une page qui possédait, selon toute apparence, une troisième signature.

sçachant que les Finances du Roy n'estoient point en estat de donner un si prompt secours, a conservé ses épargnes pour en secourir le Roy, s'il en estoit besoin, et pour soûtenir et défendre la grandeur du Royaume, en cas de necessité, les succés n'estant pas toûjours avantageux. La guerre que Sa Majesté avoit trouvée ouverte lors de son avenement à la Couronne ayant esté terminée par une Paix glorieuse, qui est entiérement deûë à la Bonté divine, aux Victoires des Armes du Roy, à la piété de Sa Majesté, et à la tendresse qu'Elle a pour ses Peuples; ayant plû à Sa Majesté de donner part de ce grand ouvrage à son Eminence, qui y a employé tout ce qui estoit en son pouvoir; mondit Seigneur ne croyant plus que Sa Majesté puisse estre pressée d'aucuns mauvais accidens, et pouvant mesme soulager notablement ses Peuples, à quoy elle a déjà travaillé par des retranchemens de dépense de son Estat, au moyen de cette Paix génerale, qui produit un calme si heureux à toute la Chrestienté, estime qu'il peut faire maintenant l'employ de ses deniers, suivant ses premiers desseins de piété et de charité. Comme il a toûjours ses pensées attachées aux reconnoissances qu'il doit au Roy, et à ce qui peut produire un plus grand bien, et un plus grand honneur au Royaume, il a proposé à Sa Majesté le dessein qu'il avoit d'établir de ses effets un College[1] et une Académie pour l'in-

---

1. A ce que nous avons dit dans notre premier cha-

struction des Enfans qui auroient pris naissance à Pignerolles, son territoire, et aux vallées y jointes; aux Provinces d'Alsace, et aux païs d'Allemagne contigus; en Flandres, en Artois, en Hainault, et en Luxembourg; en Roussillon, en Conflans, et en Sardaigne, en ce qui en est réduit sous l'obeïssance du Roy, par le Traité fait à Munster le 24. Octobre 1648. et par celuy de la Paix génerale, fait en l'Isle appellée des Faisans, le 7. Novembre 1659[1]. Que comme toutes ces Provinces sont nouvellement venuës ou retournées sous la puissance du Roy, il estoit à propos de les y conserver par les moyens les plus convenables. Qu'on pouvoit les affermir et les lier au service de Sa

---

pitre, on peut ajouter le fait suivant, raconté par Tallemant des Réaux : « Il (*Richelieu*) avoit, à ce que dit La Mesnardière, dessein de faire à Paris un grand collége avec cent mille livres de rente, où il prétendoit attirer les plus grands hommes du siècle. Là, il y eust eu un logement pour l'Académie, qui eust été la directrice de ce collége. C'estoit à Narbonne, un peu devant sa mort, que La Mesnardière dit qu'il le fit venir sept ou huit fois pour luy en parler ; et il avoit cela si fort dans la teste que, malgré son mal et toutes les affaires qu'il avoit lors sur les espaules, il y pensoit fort souvent. Il avoit, adjouste La Mesnardière, desja achepté quelque collége. » Tallemant des Réaux, *Historiettes*, t. II, p. 54.

1. Ils sont plus connus aujourd'hui sous les noms de *Traité de Westphalie* et *Traité des Pyrénées*. Ce sont là les véritables titres de Mazarin à la reconnaissance de la France ; bien au-dessous de Richelieu comme administrateur, on ne peut nier qu'il se soit toujours montré supérieur à lui comme diplomate.

Majesté, en établissant dans la ville de Paris, qui est la Capitale du Royaume, et le sejour ordinaire des Rois Tres-Chrétiens, un College et une Académie, pour y nourrir, élever, et instruire gratuitement des Gentilshommes et des Enfans des principaux Bourgeois des Villes des Nations cy-dessus. Qu'on pouvoit aussi leur apprendre les veritables sentimens du Christianisme, la pureté de la Religion, la conduite des mœurs, et les regles de la discipline, n'y ayant point de lieu où toutes ces choses soient avec tant d'avantages que dans ce Royaume. Que pendant ces instructions, ceux des Nations cy-dessus connoistront ce qui est necessaire à leur salut, aux sciences, et à la police, et combien il est avantageux d'estre soûmis à un si grand Roy. Que ceux qui auroient ainsi pris leur éducation en France, porteroient ce qu'ils y auroient appris au païs de leur naissance, quand ils y retourneroient, et que par leurs exemples ils y en pourroient attirer d'autres, pour venir recevoir successivement les mesmes instructions, et les pareils sentimens. Qu'enfin toutes ces Provinces deviendroient Françoises par leur propre inclination, aussi-bien qu'elles le sont maintenant par la domination de Sa Majesté. A quoy mondit Seigneur le Cardinal Duc, par l'affection qu'il a eûë au lieu de sa naissance, vouloit joindre les Italiens de l'Estat Ecclesiastique, pour les obliger de plus en plus à continuër leur zele au service de la France.

Le Roy ayant fait paroistre qu'il agréoit fort ce

dessein, et que les deniers des épargnes de son Eminence y fussent plûtost employez que non pas à toutes autres choses; ayant aussi Sa Majesté approuvé la résolution qu'a prise son Eminence de joindre audit College la Bibliotheque des Livres dont il a fait l'amas depuis plusieurs années, de tout ce qui a esté trouvé de plus rare et de plus curieux tant en France qu'en tous les Païs étrangers, où il a souvent envoyé des personnes tres-capables pour en faire la recherche[1], afin d'en faire une Bibliotheque publique, pour la commodité et pour la satisfaction des gens de Lettres[2]; son Eminence ayant mesme pris le dessein d'élire sa sepulture au College des Nations cy-dessus : Mondit Seigneur Cardinal Duc a fondé et fonde par ces Presentes, sous le bon plaisir de Sa Majesté, un College et une Académie sous le nom et titre de Mazarini. C'est à sçavoir : Le College de soixante Ecoliers, qui seront des Enfans des Gentilshommes

---

1. Mazarin commença à rassembler des livres dans les premiers mois de l'année 1643. Gabriel Naudé, son bibliothécaire, parcourut successivement la Flandre, l'Italie, l'Allemagne et l'Angleterre, achetant à peu près tous les livres qu'il pouvait trouver. C'était encore là une imitation de Richelieu, qui avait, dans le même but, envoyé Jacques Gaffarel en Italie, et Jean Tileman Stella en Allemagne.

2. Mazarin ouvrit sa bibliothèque particulière au public à la fin de l'année 1643. Cette date a été fort contestée, mais son exactitude nous paraît hors de doute. Voyez à cet égard A. F., *Histoire de la bibliothèque Mazarine*, p. 9 et suivantes.

ou des principaux Bourgeois de Pignerolles, son territoire, et les vallées y jointes, et de l'Estat Ecclesiastique en Italie; des Provinces d'Alsace, et autres Païs d'Allemagne contigus; de Flandres, d'Artois, de Hainault, et de Luxembourg; de Roussillon, de Conflans, et de Sardaigne, en ce qui en est réduit sous l'obeïssance du Roy, par les Traitez faits à Munster, et en l'Isle appellée des Faisans, les 24. Octobre 1648. et 7. Novembre 1659. Et l'Académie de quinze personnes, qui seront tirées dudit College des quatre Nations cy-dessus.

Que des soixante Ecoliers dudit College, il y en aura quinze de Pignerolles, territoire et vallées y jointes, et de l'Estat Ecclesiastique en Italie, préferant ceux de Pignerolles, territoire et vallées y jointes, à tous les autres; les Romains en suite, et en défaut d'eux, ceux des autres Provinces de l'Estat Ecclesiastique en Italie. Quinze du païs d'Alsace, et autres païs d'Allemagne contigus. Vingt du païs de Flandres, Artois, Hainault et Luxembourg. Et dix du païs de Roussillon, Conflans, et Sardaigne.

Les quinze personnes pour l'Académie seront tirées du College, sans aucune distinction desdites Nations; et si le College n'en peut fournir un si grand nombre, le surplus jusques audit nombre de quinze, sera pris de personnes d'icelles Nations, encore qu'elles n'ayent point étudié audit College.

Les soixante Ecoliers du College, et les quinze personnes de l'Académie seront logez, nourris, et instruits gratuitement au moyen de la presente Fondation.

Les Gentilshommes seront toûjours préferez aux Bourgeois, tant pour le College que pour l'Académie; et ceux qui auront le plus long-temps étudié au College, préferez à ceux qui y auront moins étudié, pour estre admis en l'Académie, pourveû que ceux qui auront le plus étudié soient également propres pour l'Académie.

Son Eminence se réserve le nom et le titre de Fondateur dudit College et de l'Académie; et à son défaut, l'aisné de ceux qui porteront son nom et ses armes, aura les mesmes droits avec toutes les prérogatives des Fondateurs.

Son Eminence, ou à son défaut l'aisné de ceux qui porteront son nom et ses armes, aura la nomination des soixante Ecoliers du College, et des quinze de l'Académie, sans néanmoins qu'il puisse estre nommé aucune autre personne que des Nations et qualitez cy-dessus, et aux conditions cy-devant énoncées. Il aura pareillement la nomination de l'Ecuyer de l'Académie.

Mondit Seigneur le Cardinal Duc supplie treshumblement Sa Majesté que la presente Fondation soit en sa protection perpetuelle, et des Rois ses successeurs.

Son Eminence prie aussi Messieurs les Gens du Roy du Parlement de veiller à la conservation de la presente Fondation, tant pour le College et pour la Bibliotheque, que pour l'Académie, de les visiter quand il leur plaira, et de s'en faire representer les Réglemens et les comptes; ce qu'ils pourront faire à toûjours, conjointement, ou séparément.

Son Eminence prie encore Messieurs de la Maison et Société de Sorbonne, que les douze plus anciens Docteurs de ladite Maison et Société, qui y seront actuellement demeurans[1], et non d'autres, ayent la direction génerale dudit College et de la Bibliotheque; et que ces douze nomment, incontinent aprés que l'établissement en sera fait, quatre Docteurs tels qu'il leur plaira de ladite Maison et Société de Sorbonne, pour estre les Inspecteurs dudit College et de la Bibliotheque: desquels quatre Inspecteurs, il y en aura deux qui n'en feront la fonction que pendant deux années aprés l'établissement; et que de deux ans en deux ans il y en aura deux nommez au lieu des deux qui en devront sortir; en sorte que desdits quatre Inspecteurs, il y en ait toûjours deux anciens et deux nouveaux.

Si aucuns des Inspecteurs décedoient durant le temps de leurs fonctions, les Nominateurs en pourront nommer d'autres pour achever le temps de la fonction du décedé; et sont priez de ce faire incessamment, afin que les places soient toûjours remplies.

---

1. Il y eut, dès l'origine, à la Sorbonne trente-six docteurs logés dans l'établissement même. Ce nombre fut porté à trente-sept lors de la reconstruction des bâtiments; c'était alors un droit accordé à l'ancienneté.

Mondit Seigneur le Cardinal Duc prie que ledit College soit du Corps de l'Université, pour en faire un membre, et jouïr des mesmes privileges et avantages en commun, outre ceux qu'il plaira à Sa Majesté de luy attribuer en particulier; et que l'Académie ait les mesmes droits que les autres Académies.

L'établissement dudit College, auquel la Bibliotheque est jointe, et de l'Académie, sera fait sous le bon plaisir du Roy en la Ville, Cité ou Université, ou aux Fauxbourgs de Paris, en mesme ou divers lieux, le tout selon que les Exécuteurs de la presente Fondation, cy-aprés nommez, le trouveront plus à propos.

Le College sera composé d'un Grand-Maistre, qui sera Docteur de la Maison et Société de Sorbonne, et qui aura la superiorité, intendance et direction sur tous les autres Officiers du College et de la Bibliotheque, et sur tous les Ecoliers; d'un Procureur commun, qui sera Docteur ou Bachelier de ladite Maison et Société de Sorbonne, selon qu'il plaira aux Nominateurs; de quatre Principaux, et quatre Sous-Principaux.

Le Grand-Maistre, en cas d'absence, maladie, ou legitime empeschement, pourra commettre telle personne que bon luy semblera, pour avoir en son lieu pareille superiorité, intendance et direction.

Le Procureur commun fera les receptes et dépenses dudit College, sans toutefois qu'il puisse faire aucune dépense extraordinaire, que de l'ordre par écrit du Grand-Maistre, dont l'ordre suffira jusques à la somme de cent livres; et en cas de plus grande dépense extraordinaire, sera pris l'ordre par écrit, tant du Grand-Maistre, que des quatre Inspecteurs de la Maison de Sorbonne.

Le Principal et le Sous-Principal de Pignerolles, territoire et vallées y jointes, et des Italiens de l'Estat Ecclesiastique, seront de l'Ordre des Religieux Theatins, et choisis par les Vocaux de la Maison de Sainte Anne la Royale, de la fondation de son Eminence[1]. Et en cas qu'ils soient refusans de nommer, ou qu'il n'y ait pas nombre suffisant de Religieux dudit Ordre, soit de ladite Maison, ou d'autres, les Nominateurs de la Société et Maison de Sorbonne pourront aussi nommer le Principal et le Sous-Principal, ou l'un d'eux pour ladite Nation, ainsi que des autres.

Les Principaux des autres Nations seront Bacheliers de la Maison de Sorbonne, et les Sous-Principaux, tels qu'il plaira aux Nominateurs, pourveû qu'ils soient du nombre des Suppôts de l'Université de Paris; les uns et les autres nommez par

---

1. En 1642, Mazarin prit un Théatin pour confesseur, et acheta sur le quai Malaquais une maison qu'il destina à des religieux de cet ordre. Ils ne s'y installèrent qu'en 1648, et la chapelle fut consacrée, le 7 août, sous le vocable de Sainte-Anne-la-Royale. Mazarin, en mourant, légua aux Théatins cent mille écus pour la construction d'une nouvelle église.

les douze anciens de la Maison et Société de Sorbonne, comme il est dit cy-dessus.

Plus il y aura audit College huit Classes et autant de Regents : sçavoir, six d'Humanitez, et deux de Philosophie ; tous lesquels Regents seront Bacheliers en Theologie, et nommez par le Grand-Maistre.

Il y aura un Chappelain aussi nommé par le Grand-Maistre, de telle qualité qu'il luy plaira.

Les serviteurs communs dudit College seront aussi nommez par le Grand-Maistre ; et le Principal de chacune Nation nommera les serviteurs particuliers pour le service de sa Nation.

Ne sera fait aucune distinction des Nations pour tous les Officiers cy-dessus, tant communs que particuliers.

Les Nominateurs de la Maison et Société de Sorbonne, les Grands-Maistres et les Principaux sont priez de n'avoir autres considerations que de nommer les plus capables, eû égard à la fonction à laquelle ceux qui seront nommez devront estre employez, et de prendre garde que les purs sentimens de la Religion, et la probité des mœurs soient joints à la suffisance.

Les Ecoliers de chacune Nation seront regis et gouvernez par les Principaux et Sous-Principaux établis pour leurs Nations ; chacun Sous-Principal soûmis à son Principal ; et les Principaux mesmes des Religieux de l'Ordre des Theatins soûmis au Grand-Maistre.

Les Officiers d'une Nation seront indépendans des autres, et tous soûmis à la superiorité, intendance et direction du Grand-Maistre, comme dit est.

Le Grand-Maistre sera soûmis aux quatre Inspecteurs, et ceux-cy aux douze plus anciens Docteurs de la Maison et Société de Sorbonne, y demeurans.

Les comptes du College seront rendus par le Procureur commun d'iceluy, en la presence du Grand-Maistre et des quatre Principaux, pardevant les quatre Inspecteurs, qui pourront visiter le College et la Bibliotheque quand bon leur semblera.

A l'égard de la Bibliotheque, il y aura un Bibliothecaire, qui sera aussi nommé par les douze anciens Docteurs de la Maison et Société de Sorbonne y demeurans, un Sous-Bibliothecaire, et deux serviteurs de la Bibliotheque; lesquels Sous-Bibliothecaire et serviteurs seront choisis par le Bibliothecaire, qui en demeurera responsable.

Le Bibliothecaire sera tenu se charger des Livres de la Bibliotheque, dont il fera inventaire, ou recollement de celuy qui en aura esté fait, dequoy il donnera trois copies signées de luy, l'une entre les mains de Messieurs les Gens du Roy du Parlement, une autre qui sera mise en la Bibliotheque de la Maison et Société de Sorbonne, et une autre entre les mains du Grand-Maistre du College.

Sera fait pareillement vn Inventaire ou Memoire des manuscrits Grecs et Latins que mondit Seigneur le Cardinal Duc donne audit College, avec sa Bibliotheque des Livres imprimez.

Sera aussi fait un memoire des tablettes, tables, armoires, bancs et siéges servans à ladite Bibliotheque, que son Eminence donne encore par ces Presentes.

Veut son Eminence que ladite Bibliotheque soit ouverte à tous les gens de Lettres deux fois par chacune semaine, à tel jour qu'il sera avisé par les quatre Inspecteurs, et par le Grand-Maistre dudit College.

Il y aura à l'Académie un Ecuyer, un Créat, un Maistre à danser, un Maistre tant à faire des armes qu'à voltiger, un Maistre de Mathematiques, et les serviteurs necessaires.

L'Ecuyer sera nommé par son Eminence, ou par l'aisné de ceux qui porteront son nom et ses armes, et les autres Officiers nommez par l'Ecuyer.

Les quatre Inspecteurs et le Grand-Maistre pourront faire les réglemens pour la police particuliére du College [1] et de la Bibliotheque, et l'Ecuyer ceux de la police particuliére de l'Académie.

Quant aux réglemens géneraux, ils seront faits

---

1. Nous reproduisons plus loin un de ces règlements.

par son Eminence, ou par l'aisné de ceux qui porteront son nom et ses armes, à la charge d'estre veûs ; sçavoir, pour le College et la Bibliotheque, par les douze anciens Docteurs de la Maison et Société de Sorbonne, y demeurans ; et ceux de l'Académie, par deux Ecuyers des Académies du Roy.

Les réglemens, tant generaux que particuliers, pourront estre changez, suivant les occurrences, par les personnes et selon les formes cy-dessus ; mais à la charge qu'il ne sera apporté aucun changement au dessein principal de la presente Fondation, ny aux intentions de mondit Seigneur Cardinal Duc.

Mondit Seigneur supplie tres-humblement Sa Majesté d'agréer et autoriser la presente Fondation avec toutes ses circonstances et dépendances, et d'en accorder toutes Lettres necessaires, avec les droits, exemptions et privileges qu'il luy plaira, et que les Lettres en soient verifiées et registrées au Parlement de Paris, aux autres Compagnies Souveraines, et par tout ailleurs où besoin sera[1].

Pour faire l'achat des places necessaires à l'établissement dudit College, de la Bibliotheque et de l'Académie, payement des droits d'amortissement et indemnité, bastimens, emmeublement, ornemens, linge d'Eglise, chevaux pour l'Académie,

---

[1]. Voyez les deux pièces suivantes. Les lettres patentes de Louis XIV sont surtout très-remarquables.

ustanciles, et toutes autres dépenses, et pour les subsistances dudit College et de l'Académie, mesme pour l'achat de quelques Livres pendant l'année, afin d'estre ajoûtez à la Bibliotheque¹; Mondit Seigneur le Cardinal Duc veut que sur les plus clairs de ses deniers comptans de ses œconomies et épargnes, dont il est cy-devant fait mention, et de ses autres effets, il soit pris deux millions de livres, et icelle somme mise entre les mains des sieurs Exécuteurs de la presente Fondation, par les ordres desquels seront faits les achats, bastimens, et autres dépenses, selon qu'ils jugeront le tout plus à propos, et conformément aux intentions que son Eminence leur a déclarées.

Que tout ce qui restera de ladite somme de deux millions de livres, aprés le payement des places, bastimens, et autres choses necessaires pour l'entier établissement, sera mis en fonds d'heritages ou rentes, par les mains desdits sieurs Exécuteurs, pour subvenir à la subsistance, réparations et entretenemens dudit College, de la Bibliotheque, et de l'Académie.

Plus mondit Seigneur le Cardinal Duc donne

---

1. La bibliothèque touchait dans ce but 1,000 livres par an sur les fonds du collége. Elle avait en outre le revenu d'une somme de 17,248 liv. qui lui avait été donnée en 1668 par le roi, en échange de livres et de manuscrits qu'elle avait été forcée de céder. Ces 17,248 liv. étaient placées sur la ville de Paris; elles produisirent d'abord un revenu de 900 liv. qui, de réduction en réduction, tomba à 433 liv. en 1751.

audit College, Bibliotheque et Académie quarante-cinq mille livres de rente à luy appartenant, sur l'Hostel de Ville de Paris, de la nature qu'elles sont, dont il ne se paye à present que quinze mille livres effectifs par chacun an, sans autre garantie desdites rentes, sinon qu'elles luy appartiennent.

Et dautant que ce que dessus ne pourra satisfaire à l'entier établissement et à la subsistance de la presente Fondation, mondit Seigneur le Cardinal Duc supplie tres-humblement Sa Majesté que le revenu temporel de l'Abbaye de Saint Michel en l'Herm, dont son Eminence est à present titulaire, en quoy que ledit revenu puisse consister, soit uni audit College, Bibliotheque et Académie; et que mesme le titre de ladite Abbaye soit supprimé, y ayant assez de considerations particuliéres pour ladite union et suppression, en réservant une somme telle qu'il sera ordonné par Sa Majesté, pour l'entretenement des bastimens, et pour le nombre des Prestres seculiers que Sa Majesté jugera necessaire pour y faire le Service divin, et subvenir aux frais dudit Service; suppliant tres-humblement Sa Majesté que les Prestres seculiers y soient commis par les quatre Inspecteurs dudit College, et que lesdits Prestres soient révocables à volonté.

Et si tout ce que dessus n'estoit point encore trouvé suffisant par les sieurs Exécuteurs de ladite Fondation, mondit Seigneur le Cardinal Duc supplie encore tres-humblement Sa Majesté d'y joindre et unir quelque autre Benefice, avec pareille suppression de titre ou autres conditions, afin que ladite Fondation que son Eminence a estimé utile et avantageuse à la Religion et au Royaume, puisse subsister à jamais.

Sa Majesté est aussi tres-humblement suppliée de faire expedier les Brevets, Lettres, et autres actes necessaires pour l'exécution de tout ce que dessus, d'en faire faire les instances à Rome par ses Ambassadeurs, et que le tout soit fait, homologué, confirmé, verifié, et registré par tout où besoin sera, afin que la presente Fondation, et l'exécution d'icelle, puisse estre faite, entretenuë, et exécutée à jamais.

Et pour Exécuteurs de ladite presente Fondation, jusques à l'actuel établissement du College, de la Bibliotheque et de l'Académie, mondit Seigneur le Cardinal Duc nomme Messire Guillaume de la Moignon, Chevalier, Conseiller du Roy en tous ses Conseils, Premier Président au Parlement ; Messire Nicolas Foucquet, aussi Conseiller du Roy en tous ses Conseils, Procureur Géneral de Sa Majesté, et Surintendant des Finances de France ; Messire Michel le Tellier, Conseiller du Roy en ses Conseils, Secretaire d'Estat et des Commandemens de Sa Majesté ; Messire Zongo Ondedei Evesque de Frejus ; et Messire Jean Baptiste Colbert, Conseiller du Roy en ses Conseils, Intendant des Maisons et affaires de son Eminence.

Ausquels sieurs Exécuteurs, et à chacun d'eux, les uns en l'absence des autres, mondit Seigneur le Cardinal Duc donne pouvoir de faire et agir tout ce qui sera necessaire pour l'entiére exécution de la presente Fondation, tant pour l'achat des places que pour les bastimens communs et particuliers, Eglise, et toutes les choses en dépendantes en la forme et maniére, et en tel lieu que lesdits sieurs Exécuteurs aviseront, et pour les nourritures, rétributions, appointemens, gages, salaires des Officiers du College, de la Bibliotheque, et de l'Académie, et d'en faire le partage entre lesdits Officiers, ainsi que lesdits sieurs Exécuteurs verront bon estre.

En cas de déceds d'aucuns desdits sieurs Exécuteurs, les survivans en nommeront d'autres en la place des décedez, en telle sorte que le nombre soit toûjours complet, jusques à ce que la presente Fondation soit actuellement et entiérement exécutée.

Ce qui a esté ainsi dicté et nommé par mondit Seigneur le Cardinal Duc ausdits Notaires soussignez, et par l'un d'eux, l'autre present, releû à son Eminence, qui a déclaré que telle est sa volonté, pour valoir par forme de disposition testamentaire à cause de mort ou autrement, en la meilleure forme que faire se peut ; et que s'il manque quelque chose pour l'exécution et interpretation de sa volonté, il s'en remet entiérement aux ordres qui seront donnez par lesdits sieurs

Exécuteurs de la presente Fondation, lesquels il veut estre suivis entiérement, et en toutes choses, sans aucune réserve, tout ainsi que si son Eminence l'avoit elle-mesme ordonné. Ce fut fait, dicté, nommé et releû, comme dessus, audit Chasteau de Vincennes, en l'appartement de son Eminence, l'an mil six cens soixante-un, le sixiéme jour de Mars avant midy[1]. Et a signé.

Signé, Le Vasseur, *et* Le Fouïn.

II

LETTRES PATENTES PORTANT CONFIRMATION DE LA FONDATION DU COLLÉGE DES QUATRE-NATIONS.

LOUIS par la grace de Dieu, Roy de France et de Navarre : A tous presens et à venir, Salut. Bien que la conduite que nostre tres-cher et tres-amé Cousin le feu sieur Cardinal Mazarini a tenuë, soit en paix, soit en guerre, pour l'administration de nos affaires, soit remplie d'une infinité de grandes actions, et d'autant d'illustres marques d'une ardente affection, par l'augmentation de nostre gloire, l'agrandissement de nostre Estat, et les

---

1. Mazarin mourut deux jours après ; il expira le 9 mars, vers deux heures et demie du matin. Voyez la *Gazette de France*, numéro du 12 mars 1661.

avantages particuliers de nos Sujets ; il faut néanmoins avoüer que rien n'a davantage signalé son zele pour la France, que le dessein qu'il a formé pour l'établissement d'un College pour l'éducation des jeunes Gentilshommes nez dans les païs nouvellement soûmis à nostre obeïssance. Car en effet, quoy-que son grand courage se soit fait connoistre à soûtenir avec réputation une longue guerre pendant nostre minorité contre des ennemis puissans, sa sagesse à assoupir les mouvemens interieurs de nostre Royaume, et la prudente conduite de son heureux genie dans la conclusion de la Paix génerale, qui a rendu à nos Estats ses premiéres limites, et rétabli l'ancienne réputation des François : Néanmoins il paroîtra toûjours bien plus facile de Nous conquerir des Provinces par la force de nos armes, et de Nous aquerir de nouveaux Sujets, que d'en gagner les cœurs, et de les rendre veritablement François. C'est cependant ce que s'est heureusement proposé de faire nostredit Cousin le Cardinal Mazarini, par l'établissement dudit College, dans lequel faisant donner aux jeunes Gentilshommes issus des païs réünis à nostre Couronne, une éducation Françoise, et leur inspirant insensiblement la douceur de nostre domination, il effacera dans leurs cœurs, par la reconnoissance d'un traitement si favorable, tous les sentimens d'une affection étrangere, et y gravera profondément, par une noble institution, les caracteres d'un amour sincere et fidelle pour nostre personne et pour nostre Estat. Et voulant favoriser en tout ce qui dépendra de Nous un si grand et glorieux dessein, et si digne du rang que nostredit Cousin tenoit dans l'Eglise, et prés nostre Personne : A CES CAUSES, et autres considerations à ce nous mouvans : De l'avis de nostre Conseil, qui a veû le Contract cy-attaché sous le contrescel de nostre Chancelerie, passé par nostredit Cousin le feu sieur Cardinal Mazarini, pardevant le Fouïn et le Vasseur, Notaires au Chastelet de Paris, par lequel nostredit Cousin auroit fondé un College et Académie dans nostre bonne Ville de Paris, pour y instruire gratuitement aux exercices de corps et d'esprit convenables à la Noblesse, les jeunes Gentilshommes qui auroient pris naissance à Pignerolles, son territoire, et vallées y jointes ; aux Provinces d'Alsace, et Païs d'Allemagne qui y sont contigus ; en Flandres, Artois, Hainault ; en Luxembourg et Roussillon, Conflans et Sardaigne, en ce qui nous appartient en tous lesdits Païs, et ce qui en est demeuré sous nostre obéïssance par le Traité de Munster du 24. Octobre 1648. et par celuy de la Paix génerale, concluë en l'Isle des Faisans le 7. Novembre 1659. ensemble pour les enfans nez en Italie dans l'Estat Ecclesiastique, avec clause qu'une grande Bibliotheque appartenante à nostredit Cousin demeureroit jointe et unie audit College et Académie : Nous avons confirmé, loüé, et approuvé, et par ces Presentes signées de nostre main, confirmons, loüons, et approuvons la Fondation portée par ledit Contract, que Nous voulons estre exécuté de point en point selon sa forme et teneur ; lequel College et Académie Nous voulons estre nommé et appellé du nom de Mazarini. Et pour donner des marques plus expresses de la satisfaction que Nous avons dudit établissement, voulons et Nous plaist que ladite Fondation soit censée et réputée Royale, et jouïsse des mesmes avantages, privileges et prérogatives que si elle avoit esté par Nous faite et instituée. SI DONNONS EN MANDEMENT à nos amez et feaux Conseillers, les Gens tenans nostre Cour de Parlement à Paris, Gens de nos Comptes, et Cour des Aydes audit lieu, que ces Presentes ils ayent à registrer, et faire exécuter ledit Contract de Fondation portée par iceluy, selon sa forme et teneur ; cessant, et faisant cesser tous troubles et empeschemens qui pourroient estre mis ou donnez au contraire : CAR tel est nostre plaisir. Et afin que ce soit chose ferme et stable à toûjours, nous avons fait mettre nostre scel à cesdites Presentes. DONNÉ à Saint Germain en Laye, au mois de Juin, l'an de grace mil six cens soixante-cinq, et de nostre Regne le vingt-troisiéme. Signé, LOUIS. Et sur le reply, Par le Roy, DE GUENEGAUD. Et scellé du grand Sceau de cire verte. Et sur le mesme reply est écrit, *Visa*, SEGUIER, Pour servir aux Lettres Patentes, portant confirmation de la Fondation du College Mazarini.

Registrées, ouï le Procureur Géneral du Roy,

pour estre exécutées selon leur forme et teneur, aux charges portées par l'Arrest de ce jour. A Paris, en Parlement, le 14. Aoust 1665. Signé, Robert.

III

ARRÊT D'ENREGISTREMENT DE L'ACTE DE FONDATION DU COLLÉGE
DES QUATRE-NATIONS
ET DES LETTRES PATENTES QUI LE CONFIRMENT.

Veu par la Cour les Lettres patentes du Roy, données à Saint Germain au mois de Juin dernier, signées, LOUIS, sur le reply, Par le Roy, De Guenegaud, et scellées du grand Sceau de cire verte; par lesquelles, et pour les causes y contenües, ledit Seigneur Roy auroit confirmé, loüé, et approuvé la Fondation faite par son Eminence, le sieur Cardinal Mazarini, par Contract passé pardevant le Fouïn et le Vasseur, Notaires au Chastelet de Paris; par lequel il auroit fondé un College et Académie dans cette Ville de Paris, pour y instruire gratuitement aux exercices de corps et d'esprit convenables à la Noblesse, les jeunes Gentilshommes qui auroient pris naissance à Pignerolles, son territoire, et vallées y jointes; aux Provinces d'Alsace, et Païs d'Allemagne qui y sont contigus; en Flandres, Artois, Hainault; en Luxembourg et Roussillon, Conflans et Sardaigne, en ce qui appartient et est demeuré sous l'obeïssance de Sa Majesté par le Traité de Munster du 24. Octobre 1648. et par celuy de la Paix génerale, concluë en l'Isle des Faisans le 7. Novembre 1659. ensemble pour les enfans nez en Italie, dans l'Estat Ecclesiastique ; avec clause, qu'une grande Bibliotheque, appartenante audit feu sieur Cardinal Mazarini, demeureroit jointe et unie audit College et Académie, soient nommez du nom de Mazarini, et que ladite Fondation soit censée et réputée Royale, et jouïsse des mesmes avantages, privileges et prérogatives, que si elle avoit esté faite par ledit Seigneur Roy, ainsi que plus au long le contiennent lesdites Lettres à la Cour adressantes. Veû aussi ledit Contract de Fondation du 6. Mars 1661. signé le Vasseur et le Fouïn, Notaires : Conclusions du Procureur Géneral : Ouï le rapport de Me Pierre de Brilhac, Conseiller ; tout consideré : LADITE COUR a ordonné et ordonne, que lesdites Lettres et Contract de Fondation seront registrez au Greffe d'icelle, pour estre exécutez selon leur forme et teneur ; à la charge que nul Principal ne pourra estre receû qu'il ne soit né dans les terres dudit Seigneur Roy, et qu'il n'ait obtenu Lettres de naturalité bien et deûement verifiées ; et outre que les Lettres d'Oeconomat du 20. May 1662. verifiées en ladite Cour le 23. May ensuivant, seront exécutées selon leur forme et teneur, en attendant que sur les consentemens portez par le Contract du 18. Aoust 1664. les Bulles d'union audit College de l'Abbaye de S. Michel en l'Herm, ayent esté obtenuës avec les Lettres patentes du Roy, pour les autoriser[1]. Fait en Parlement le quatorziéme Aoust mil six cens soixante-cinq. Signé, ROBERT.

IV

LETTRES PATENTES PORTANT RÈGLEMENT POUR LE COLLÉGE DES QUATRE-NATIONS.

LOUIS, par la grace de Dieu, Roy de France et de Navarre ; à tous presens et à venir, salut. Les importans services que nous a rendus et à nostre Estat nostre Cousin le Cardinal Mazarin, nous ayant engagez d'accorder nostre protection au College qu'il a fondé dans nostre bonne Ville de Paris; nous avons cru n'en pouvoir donner des marques plus certaines qu'en faisant nous-mesmes les reglemens necessaires pour rendre cet établissement parfait. A CES CAUSES, et après nous avoir fait re-

---

1. A cet égard, voyez : *Concordat fait entre messieurs les Exécuteurs de la Fondation faite par Monseigneur le Cardinal Mazarini, et les Religieux de la Congregation de Saint-Maur, pour l'union de l'Abbaye de Saint-Michel en l'Herm*, 10 p. in-folio. — *Bulla unionis mensæ abbatialis monasterii Sancti-Michaelis in Eremo collegio Mazarino*, 8 p. in-folio. — *Sentence de l'official de Luçon portant fulmination des bulles d'union de l'abbaye de S. Michel en l'Herm au college Mazarini*, 12 p. in-folio.

presenter le testament de nostre Cousin, l'acte de Fondation, ensemble nos Lettres patentes du mois de juin 1665. de nostre certaine science, pleine puissance et authorité royale, voulons et ordonnons ce qui ensuit : c'est à sçavoir que :

I. Le College sera composé à soixante ecoliers Gentils-hommes ou enfans des principaux habitans vivans noblement dans les lieux cy-après nommez, sans que sous quelque pretexte que ce soit, on puisse tenir d'autres pensionnaires dans ledit College.

II. La nomination des ecoliers appartiendra à l'aisné masle de la maison de Mazarini en qualité de Fondateur, et au defaut de masle ou s'il ne remplissoit point les places de personnes capables, quatre mois après qu'il sera averty de la vacance par le grand-maistre, ladite nomination et entiere provision nous sera devoluë de plein droit.

III. Les nobles seront preferez pour la nomination à ceux qui ne le seront pas, quoyqu'il n'y ait entr'eux aucune distinction dans le College, quand ils y auront esté receûs.

IV. Les preuves de l'âge, du lieu de la naissance, de la noblesse et des autres qualitez necessaires seront examinées par quatre docteurs de la Maison et Société de Sorbonne et par le grand-maistre du College.

V. Nul ne sera pourveu desdites places, s'il n'est au moins âgé de dix ans accomplis ; et nul n'y sera receu après avoir atteint l'âge de quinze

VI. Les soixante ecoliers seront choisis : sçavoir vingt de nos provinces d'Artois, Cambray, Flandres, Haynault et Luxembourg : quinze d'Alsace, Strasbourg et pays d'Allemagne et Franche-Comté : quinze de Pignerolles et vallées qui y sont jointes, Cazal et de l'Estat Ecclesiastique, en telle sorte que ceux de Pignerolles et de Cazal soient preferez aux autres ; et à leur défaut les Romains preferez à ceux de l'Estat Ecclésiastique : dix de Roussillon, Conflans et Sardaigne.

VII. S'il ne s'en trouve pas le nombre suffisant desdites provinces, en ce cas nous pourrons en choisir d'autres lieux de nostre royaume, après que pendant quatre mois les places auront vacqué, et que l'aisné de la maison de Mazarini aura eu le temps d'en nommer des lieux designez dans la Fondation.

VIII. Tous lesdits ecoliers seront instruits, logez, nourris et meublez gratuitement, tant en santé qu'en maladie, pendant le cours ordinaire des classes ; et leur sera donné à chacun la somme de cent livres tous les ans, pour les habits et linges de leurs personnes.

IX. Il y aura pour le gouvernement du College un grand-maistre qui sera aussi principal, docteur de la Maison et Société de Sorbonne : un procureur, docteur ou bachelier de ladite Maison : un sous-principal : quatre sous-maistres, et un chapelain.

X. Le grand-maistre nommera le sous-principal, les sous-maistres, le chapelain et tous les regens ; et pourra les destituer quand il le jugera à propos.

XI. Le sous-principal sera au moins bachelier de la Maison de Sorbonne ; mais à l'esgard des sous-maistres et des regens, il suffit qu'ils soient du corps de l'Université.

XII. Derogeant à cet égard à l'article de la Fondation, par lequel il estoit dit que le principal et les sous-principaux de la nation Italienne seroient Theatins.

XIII. Le College ne sera point distingué par nations, et il n'y aura d'autre difference entre les ecoliers que l'âge et les classes.

XIV. Les ecoliers pourront estre renvoyez du College pour leurs mauvaises mœurs par le grand-maistre, de l'avis des quatre inspecteurs, après avoir averty les parens et le nominateur de les retirer.

XV. Il y aura neuf classes dans le College, six d'humanitez, deux de philosophie et une de mathematique ; mais il y aura deux regens de rhetorique, dont l'un enseignera le matin, et l'autre l'apres-disnée, ainsi qu'il sera réglé par le grand-maistre.

XVI. La nomination de tous les serviteurs appartiendra au grand-maistre seul ; mais ceux qui auront soin de l'œconomie de la Maison, seront nommez de concert par le grand-maistre et le procureur.

XVII. Le procureur fera les receptes et depenses ordinaires.

XVIII. Il ne pourra faire les extraordinaires que par l'ordre par écrit du grand-maistre et des quatre inspecteurs ; pourra neantmoins, sur le simple ordre par écrit du grand-maistre, employer jusques à la somme de cent livres.

XIX. Le procureur rendra ses comptes tous les ans pardevant les quatre inspecteurs, en presence du grand-maistre.

XX. Il aura sous luy un homme pour solliciter les affaires et agir sous ses ordres, dont le choix et la destitution luy appartiendra.

XXI. Le bibliothecaire sera nommé par la Maison et Société de Sorbonne, et choisi autant qu'il se pourra, du nombre des docteurs de la Maison.

XXII. Il y aura la nomination d'un sous-bibliothecaire et de deux serviteurs qui n'auront d'autre soin que celuy de la Bibliotheque ; lesquels il pourra destituer, lors qu'il le jugera à propos.

XXIII. Le bibliothequaire se chargera par inventaire des livres de la Bibliotheque, des manuscrits et des meubles qui y doivent estre destinez.

XXIV. La Bibliotheque sera ouverte au public deux jours de la semaine, le lundy et le jeudy, depuis huit heures du matin jusques à dix heures et demie, et depuis deux heures après midy jusques à quatre en hyver, et jusques à cinq en esté.

XXV. Le bibliothecaire, le sous-bibliothecaire et les deux serviteurs seront tenus de se trouver dans la Bibliotheque aux jours et heures cy-dessus marquez, pour donner les livres qui seront demandez, et pour veiller qu'ils ne soient gastez ou emportez.

XXVI. Il sera fait aux frais du College quatre exemplaires du catalogue de la Bibliotheque, dont un demeurera dans la Bibliotheque, le second sera donné à nos avocats et procureur general du Parlement, le troisiéme sera mis dans la Bibliotheque de Sorbonne, et le quatriéme demeurera entre les mains du grand-maistre du College.

XXVII. Le procureur du College donnera tous les ans mil livres au bibliothecaire pour augmenter la Bibliotheque, à la charge de rendre compte de l'employ pardevant le grand-maistre et les quatre inspecteurs du College, qui pourront, quand ils le jugeront à propos, visiter la Bibliotheque.

XXVIII. Le grand-maistre, le procureur et le bibliothecaire seront perpetuels ; et leur nomination appartiendra à la Maison et Societé de Sorbonne.

XXIX. La Maison et Societé de Sorbonne aura la direction generale de tout le College, à l'effet de quoy elle nommera quatre docteurs qui auront la qualité d'inspecteurs du College, et qui en feront pendant quatre ans seulement les fonctions, s'il n'est jugé à propos de les continuer.

XXX. Le grand-maistre aura la superiorité et la preseance sur tous les officiers du College, et après luy le procureur, si ce n'est que le bibliothecaire estant docteur, soit plus ancien que le procureur, auquel cas le bibliothecaire aura seulement la preseance.

XXXI. Les inspecteurs visiteront le plus souvent qu'ils pourront le College, y decideront avec le grand-maistre toutes les affaires qui regarderont la discipline, recevront les plaintes, entendront les comptes du procureur, et tiendront la main à l'execution de la Fondation.

XXXII. Les quatre inspecteurs ne sortiront point ensemble de charge, mais il en demeurera toujours deux anciens avec les deux qui seront nouvellement éleûs.

XXXIII. Les reglemens qui seront jugez necessaires dans la suite des temps seront faits par l'aisné de la Maison de Mazarini, avec l'avis de la Maison de Sorbonne ; mais ils ne pourront estre executez qu'ils ne soient confirmez par nos Lettres patentes.

XXXIV. Enjoignons à nos avocats et procureur general de visiter le plus souvent qu'ils pourront le College, soit séparément ou conjointement, et de tenir la main à l'execution de la Fondation; à l'effet de quoy ils feront representer les registres et comptes du procureur ; sans qu'ils puissent neantmoins commettre pour ladite visite personne en leur place.

XXXV. On pourra recevoir dans les classes du College d'autres ecoliers que les pensionnaires, sans qu'ils soient tenus de donner aucun salaire aux maistres qui les enseigneront.

XXXVI. Et pour engager d'avantage ceux qui auront soin du College et qui y enseigneront, nous voulons qu'il soit donné sur les revenus dudit College, tous les ans, au grand-maistre, quinze-cent livres : au sous-principal, six-cent livres : aux quatre sous-maistres, chacun quatre-cent livres : aux deux regens de philosophie et deux de rhethorique, chacun mil livres : aux regens de seconde et troisiesme, chacun huit cens livres : aux trois autres regens chacun six-cent livres : au regent de mathematique, six-cent livres : au bibliothecaire, onze-cent livres : au sous-bibliothequaire, cinq cens livres : aux deux garçons servans à la bibliotheque, chacun cent-cinquante livres : au chapelain, trois cens livres : au procureur onze-cens livres : à un agent sous luy, trois cens livres ; le tout outre le logement dans le College qui leur sera marqué, et la nourriture qui leur sera fournie convenablement en commun.

XXXVII. Sera aussi donné au sieur de la Poterie qui a eu soin des livres jusques à present, la somme de huit cens livres par chacun an pendant sa vie, en consideration des services qu'il a rendus au College.

XXXVIII. Voulons que le College porte le nom de Mazarini, et qu'il jouïsse de tous les droits qui appartiennent aux Maisons de Fondation royale ; et en consequence l'avons dechargé de tous les droits qui nous auroient pu appartenir ou à nos fermiers, pour l'acquisition des places sur lesquelles il est basti, soit à titre de quint et de lots et vente, d'amortissement ou d'indemnité.

XXXIX. Derogeons à tout ce qui pourroit estre contraire au present reglement dans la Fondation, et nommément à l'establissement d'une Académie pour apprendre les exercices militaires, nonobstant ce qui est porté par nos Lettres patentes du mois de juin 1665.

XL. Et pour les choses qui ne sont contenuës dans nos lettres, ordonnons que ledit College sera gouverné par les statuts de l'Université de Paris, dont il fait partie, et que tous les officiers dudit College jouïssent des droits et privileges qui appartiennent aux principaux et regens de l'Université de Paris. Si donnons en mandement à nos amez et feaux les gens tenans nostre Cour de Parlement, Chambre des comptes et Cour des aydes à Paris, que ces presentes ils ayent à registrer et faire executer selon leur forme et teneur : cessant et faisant cesser tous troubles et empeschemens qui pourroient estre mis ou donnez au contraire. Car tel est notre plaisir. Et afin que ce soit chose ferme et stable à toûjours, nous avons fait mettre nostre scel à cesdites presentes. Donné à Versailles au mois de Mars l'an de grace M. DC. LXXXVIII. et de nostre regne le XLV. *Signé*, LOUIS; *et plus bas :* par le Roy, PHELIPEAUX. Et à costé : visa, BOUCHERAT ; *et audessous :* pour Lettres patentes portant reglement pour le College Mazarini. *Et scellées en lacs de soye du grand sceau de cire verte.*

Registrées, ouy et ce requerant le procureur general du Roy, pour estre executées selon leur forme et teneur, suivant l'arrest de ce jour. A Paris en Parlement le XXIII. Mars M. DC. LXXXVIII. *Signé*, Donglois.

Registrées en la Chambre des comptes, ouy et ce requerant le procureur general du Roy, pour estre executées selon leur forme et teneur; à la charge que nul principal et regent ne pourra estre reçeu qu'il ne soit naturel François, ou qu'il n'ait obtenu Lettres de naturalité deûëment verifiées par la Chambre. Le VII. jour d'Avril M. DC. LXXXVIII. *Signé*, Richer.

Registrées en la Cour des aydes, ouy ce requerant et consentant le procureur general du Roy, pour estre executées selon leur forme et teneur; à la charge que nul principal et regent ne pourra estre reçeû qu'il ne soit naturel François, ou qu'il n'ait obtenu des Lettres de naturalité bien et et deûëment verifiées. A Paris le VIII. Avril M. DC. LXXXVIII. *Signé*, Du Molin.

V

RÈGLEMENT INTÉRIEUR DU COLLÉGE DES QUATRE-NATIONS[1].

On sonnera le lever à cinq heures et demie, et dans le grand froid à l'heure fixée par M. le Principal. Le domestique de chaque corridor eveillera les pensionnaires et leur donnera de la lumière, dans la saison qui l'exige.

Un quart d'heure après, au second coup de cloche, les pensionnaires se rendront habillés décemment à la salle d'étude, où ils seront reçus par les sous-maîtres. La prière se fera toujours en présence du maître et non du domestique.

Depuis la prière jusqu'à sept heures et un quart, les eleves apprendront leurs leçons et les reciteront toutes à leurs maîtres, qui après cela leur feront expliquer littéralement l'auteur qui doit être expliqué en classe.

Depuis sept heures et un quart jusqu'aux trois

---

1. Nous avons trouvé ce règlement aux Archives de l'Empire, à la fin du registre coté MM, 463, et qui porte en titre : *Registre pour servir aux délibérations et arrestés de Messieurs les Inspecteurs du college Mazarin et Grand Maistre.* Le règlement ne fait point partie du registre, où il a certainement été autrefois laissé par mégarde. Il est écrit sur une feuille volante et avec très-peu de soin. On peut supposer que chaque sous-maître était tenu d'en posséder un exemplaire, qu'il devait copier lui-même.

quarts, les eleves s'habilleront et déjeuneront; aux trois quarts ils iront à la messe, puis en classe.

A dix heures et demie ils se rendront, sans s'amuser soit dans la cour soit dans les escaliers, à leur chambre commune, où ne manqueront point de se trouver MM. les sous-maîtres. Ceux-ci leur feront faire leur devoir sur cahier, et exigeront que la copie qui doit être portée en classe leur soit remise avec le cahier qu'ils auront toujours soin de confronter.

A onze heures trois quarts, les eleves descendront sans tumulte au refectoire, où doit toujours se trouver des premiers le maître de garde pour y dire le *benedicite*. Chaque maître doit, autant que faire se peut, assister aux repas pour servir la nourriture à ceux qui composent son plat, et les contenir dans l'ordre.

Au commencement du repas, les pensionnaires feront chacun à leur tour une lecture pendant au moins dix minutes.

Après le dîner, la récréation durera jusqu'à une heure.

Pendant la récréation, les eleves seront gardés par un sous-maître toujours accompagné d'un domestique qui tiendra le poste indiqué par le sous-maître.

Il sera défendu aux eleves, sous peine de punition, de sortir du lieu de la recréation, à moins qu'ils n'en aient obtenu la permission du sous-maître de garde.

La recréation finie, les eleves remonteront dans leurs salles d'étude pour y apprendre et réciter leurs leçons, jusqu'à l'heure de la classe.

Après la classe, ils se rendront dans leurs salles d'étude, où ils seront en recréation seulement pendant un quart d'heure pour goûter. Après quoi, chaque sous-maître les mettra à l'étude pour travailler au devoir donné en classe. Lequel devoir sera, autant que faire se pourra, corrigé pour la fin de l'étude, et la copie faite.

Le souper à sept heures; en observant tout ce qui a été prescrit pour le dîner.

Après le souper, recréation jusqu'à huit heures trois quarts, en observant tout ce qui a été prescrit pour la recréation de midi.

Nota. En quelque lieu que se passent les recréations, les sous-maîtres doivent apporter l'attention la plus scrupuleuse pour que deux eleves n'en sortent point à la fois; si ce n'est quand ils sont demandés par leurs parens ou correspondans.

A huit heures trois quarts, la prière.

Après la prière, les eleves remonteront chacun à leur chambre en silence, et suivis du sous-maître de garde, qui s'assurera si les domestiques sont à leurs postes, si les chambres sont ouvertes et les chandelles allumées.

A neuf heures et un quart, toutes les chandelles doivent être éteintes. Le sous-maître de garde doit à cette heure faire sa ronde, et voir si tout est bien fermé.

Nota. Dans cette circonstance, c'est un grand inconvénient pour le maître et les enfans qu'un domestique qui a trop bu.

RÈGLEMENS POUR LES DIMANCHES, FÊTES ET JOURS DE CONGÉ PLEIN.

Le lever à six heures et demie; à six heures trois quarts la prière, qui sera suivie d'une lecture de quelque livre de piété pendant un quart d'heure, de manière à ne sortir de la salle d'étude qu'à sept heures et demie.

Depuis sept heures et demie jusqu'à huit heures, les eleves seront dans leurs chambres pour s'habiller.

Nota. En hiver, ils ne restent qu'un quart d'heure dans leurs chambres, et viennent se chauffer pendant le dernier quart dans la salle d'étude.

A huit heures, le sous-maître de garde conduit à la messe les eleves, qui ensuite déjeunent dans le lieu de la recréation, où ils demeurent jusqu'à neuf heures et demie les jours de congé plein, et jusqu'à neuf heures trois quarts les jours de dimanches et fêtes quand il y aura office chanté.

A neuf heures et demie les jours de congé plein, les eleves remonteront à l'étude jusqu'au dîner; les dimanches à neuf heures et demie ils entreront au refectoire, pour y entendre une instruction; et ensuite ils se rendront dans leurs salles d'étude pour y travailler jusqu'au dîner.

Après le dîner, récréation jusqu'à une heure.

A une heure, vêpres. Si elles sont chantées, l'étude ne commencera qu'à deux heures et ne finira qu'à quatre heures. Récréation le reste de la journée. Si elles sont simplement récitées à l'église par les eleves toujours accompagnés du sous maître de garde, l'étude commencera immédiatement après vêpres, c'est-à-dire à une heure et quart, et continuera jusqu'à deux heures et demie.

Ensuite récréation jusqu'à cinq heures et demie.

Depuis cinq heures et demie jusqu'au souper, les eleves seront à l'étude chacun dans leurs salles d'étude respectives. Le souper à l'ordinaire.

Les jours de congé plein, on observera dans la matinée ce qui a été prescrit pour les jours de fête. L'après dîner, les eleves remonteront dans leurs chambres pour se préparer à la promenade. A une heure et demie, promenade jusqu'à cinq heures.

Les jours de demi congé, la matinée se passera selon ce qui est prescrit pour les jours de classe; et l'après midi, suivant ce qui est prescrit pour l'après midi des jours de congé plein.

DES PROMENADES.

Jamais de promenades les dimanches et jours de fêtes solennelles.

Les eleves sont conduits en promenade par le sous-maître de garde, qui sera toujours accompagné de son domestique, afin que la surveillance soit plus exacte et plus sûre. Les eleves n'acheteront rien sans la permission de leur maître.

Depuis Pâques jusqu'à la rentrée des classes, les jours de congé, l'étude de l'après dîner commencera à une heure jusqu'à deux heures et demie. La promenade depuis trois heures, toutes les fois qu'elle pourra avoir lieu, jusqu'au souper.

DES SORTIES EN VILLE.

Jamais un eleve ne pourra sortir sans la permission de Monsieur le principal, et celuy-ci evitera le plus qu'il pourra de la donner sans le *satisfecit* du sous-maître qui en sera particulièrement chargé.

Monsieur le principal ne donnera de permission que sur une lettre ou au moins un billet des parens ou correspondans bien connus pour tels; ceux-ci enverront rechercher, et feront reconduire au Collége par leurs domestiques ceux des eleves qu'ils voudront avoir.

Les permissions de sortir seront données par des billets que les portiers recevront en écrivant dessus l'heure à laquelle chaque billet luy a été remis, et l'heure à laquelle l'eleve inscrit sur ce billet est rentré. Les eleves devront être rentrés pour le souper.

A neuf heures du soir, tous ces billets seront reportés chez Monsieur le principal.

Nota. Il serait à souhaiter qu'un eleve ne pût point aller en ville plus d'une fois en quinze jours.

VISITES DES CHAMBRES DES ELEVES.

Cet article est très-important.

Chaque sous-maître fera de tems en tems la visite des chambres des eleves, tantot en leur présence, tantot en leur absence. La visite même des paillasses ne sera pas toujours inutile.

Il faut examiner : 1° en quel état sont les croisées; 2° s'il n'y a pas de mauvais livres ou de pierres à fusil et amadou, ou même des bouteilles de liqueur.

Un sous-maître doit être authorisé à se faire ouvrir, par le serrurier de la maison, toute cassette, ou bibliotheque ou malle.

Tout domestique de corridor qui auroit vu ou entendu des choses qui sont contre le bon ordre ou la décence, sans en avoir averti les maîtres, doit être renvoyé; ainsi que tout commissionnaire ou garçon perruquier qui seroit reconnu pour colporteur secret des eleves.

DE LA CHAPELLE.

Les eleves doivent se rendre à la chapelle en même tems que le sous-maître de garde, et assister aux offices avec la modestie convenable au lieu; ils n'y chanteront point de manière à troubler le chœur.

Les jours de confession, un des domestiques de

corridor se tiendra dans la chapelle pour y remarquer la conduite de chaque eleve, et en rendra compte directement à Monsieur le principal.

DE LA SALLE A MANGER.

Il sera défendu aux garçons de corridor de se mêler à la conversation des eleves entr'eux, ou du maître avec les eleves; ils ne parleront que quand ils seront interrogés par le maître. Tout domestique qui manquera publiquement à un sous-maître qui ne luy ordonnera que des choses raisonnables doit être renvoyé.

DES PROMENADES.

Il est bon que le sous-maître, au moment de partir du collége pour aller en promenade, s'assure avec son domestique du nombre des eleves qu'il emmène avec. C'est un moyen de voir plus promptement et plus surement si quelqu'un s'absente ou s'écarte.

Au moment de partir du lieu de la promenade, sur l'avis du maître, le domestique rassemble les eleves auprès du maître qui doit compter son monde comme en partant du collége.

DE L'INFIRMERIE.

Pour prévenir les abus qui ont eu lieu jusqu'ici, il faut choisir une garde-malade sur laquelle on puisse compter; et ce sera celle qui ne se laissera pas gagner par argent ou par quelques présens d'une autre nature. Une garde-malade, sous peine d'être congédiée à l'heure même, ne doit laisser entrer à l'infirmerie ni nourriture, ni friandises quelconques.

DOCUMENTS MANUSCRITS

RELATIFS AU

COLLÉGE DES QUATRE-NATIONS

ARCHIVES DE L'EMPIRE.

Registre des délibérations du conseil de la fondation du college Mazarini. 1 registre in-folio, coté MM, 462.

Ce registre, commencé en 1661, année de la mort de Mazarin, s'arrête en 1668, année de l'ouverture du Collége.

Registre pour servir aux délibérations et arrestés de Messieurs les Inspecteurs du collége Mazarin, et Grand-Maistre. 1 registre in-folio, coté MM, 463.

C'est dans ce registre, qui va de l'année 1713 à l'année 1738, que se trouve le Règlement que nous avons reproduit page 176.

Registre pour servir aux délibérations et arrêtés de Messieurs les Inspecteurs et Grand-Maître du collége Mazarin. 1 registre in-folio, coté MM, 464.

C'est la suite du précédent. Il commence au 6 février 1739, et se continue jusqu'au 10 juin 1791.

Arrest du Conseil qui déclare le terrain des portes, tours, ramparts, murs, fossez de Nesle et contrescarpes estre dans la directe et seigneurie de Sa Majesté.

Cet arrêt fait partie d'une liasse cotée Q, 1273.

Compte rendu par M. Mariage, tresorier du College Mazarinj de la recepte et despence des reuenus dud. College. 1 registre in-folio, coté H, 2822.

De l'année 1662 à l'année 1673.

Compte que rend Simon Mariage, conseiller du Roy, au nom et comme fondé de procuration de Nosseigneurs les Executeurs testamentaires de la fondation faite par feu Monseigneur l'Eminentissime Cardinal Mazarinj. 1 registre in-folio, coté H, 2823.

Suite du précédent; il va de 1674 à 1683.

Journal de la despence qui est faite par M. Mariage pour le College Mazarinj. 1 registre in-folio, coté H, 2824.

Suite du précédent, et fin des comptes tenus par S. Mariage.

Déclaration censuelle des bâtimens du college Mazarin et de plusieurs maisons et emplacemens y joignant, rue Guénégaud et rue Mazarine.

Déclaration de maisons et emplacemens joignant le collége Mazarin.

Ces deux pièces sont de l'année 1701, et font partie de la liasse cotée Q, 1273.

Renseignemens sur la taxe des propriétaires de maisons pour le logement des mousquetaires.

Pièce relative aux maisons que le Collége possédait rue Mazarine. Comprise dans la liasse cotée Q, 1274.

Comptes que rend Me Charles Tharel d'Allo, prestre, docteur de la Maison et Société de Sorbonne, Procureur du college Mazarin. 3 registres in-folio, cotés H, 2825, 2826, 2827.

Les comptes de d'Allo, qui embrassent les années 1688 à 1702, commencent la série des registres tenus par les procureurs du Collége. Quinze comptes rendus.

Comptes que rend Me Jean Rabouyn, prestre, docteur de la Maison et Société de Sorbonne, Procureur du college Mazarin. 2 registres in-folio, cotés H, 2827, 2828.

De l'année 1703 à l'année 1712. Neuf comptes rendus.

Comptes que rend Jean-Robert Golier, agent des affaires du College Mazarin. 2 registres in-folio, cotés H, 2828, 2829.

Années 1713 à 1718. Cinq comptes rendus.

Comptes que rend Nicolas Varnier de la recepte et depence qu'il a fait pour le college Mazarin. 1 registre in-folio, coté H, 2829.

Années 1719 à 1722. Comme l'indique le chiffre d'inscription, ces quatre comptes rendus sont compris dans le registre précédent.

Comptes que rend messire Barthelemy de la Fleutrie, prêtre, docteur de la Maison et Société de Sorbonne, procureur du collège Mazarin, de la recette et dépenses faites pour ledit collège. 5 registres in-folio, cotés H, **2829 à 2833.**

Ces vingt-huit comptes rendus vont de l'année 1723 à l'année 1750.

Comptes que rend messire Ambroise Riballier, prêtre, docteur de la Maison et Société de Sorbonne, procureur du collège Mazarin. 2 registres in-folio, cotés H, **2833 et 2834.**

Les comptes de Riballier commencent en 1751 et s'arrêtent en août 1765. Nous avons dit qu'il fut à cette époque nommé Grand-Maître du Collège.

Comptes que rend messire Emmanuel-Clément-Chrétien Bruget, prêtre, docteur de la Maison et Société de Sorbonne, procureur du collège Mazarin. 1 registre in-folio, coté **H, 2835.**

De l'année 1765 à l'année 1784. Bruget fut fait Grand-Maître en 1785.

Comptes que rend messire André Raulin, prêtre, docteur de la Maison et Société de Sorbonne, chanoine de l'église de Périgueux, chapelain de madame Adélaïde de France, procureur du collège Mazarin. 1 registre in-folio, coté **H, 2842.**

Les comptes de Raulin s'arrêtent à la fin de 1789. Pour les années suivantes, il n'y a pas eu de rédaction. Le Procureur Brion, successeur de Raulin, s'est contenté de dresser un état sommaire des recettes et des dépenses. Voyez à cet égard p. 133.

Procès-verbal pour la fixation de la directe du Roi sur diverses maisons.

Pièce relative aux maisons que le Collège possédait

rue Mazarine et rue Guénégaud. Elle est datée de 1784, et cotée Q, 1273.

Procès-verbal constatant la remise des titres de la propriété de biens appartenant au college Mazarin.

Pièce cotée Q, 1274.

Procès-verbal des commissaires députés par le département de Paris, constatant la remise de la propriété des biens appartenant au college Mazarin, cy-devant des Quatre-Nations.

Pièce cotée Q, 1274.

Plan des Terrains et Maisons appartenants à Messieurs du Collége Mazarin ou des Quatre-Nations; levé et mesuré par Thomas Arnoult, architecte juré, expert de Bâtiments.

Daté de 1759. Coté N, 981.

TABLE GENERALE DES MATIERES

TABLE GENERALE

DES MATIERES

Le mot Collège placé seul et écrit avec une majuscule désigne toujours le collège des Quatre-Nations.

ACADÉMIE FRANÇAISE, la salle de ses séances, au Louvre, accordée à l'Institut, 137.
ACADÉMIE fondée par Richelieu rue Vieille-du-Temple, 13.-Dans quel but, 144.
ACADÉMIE unie par Mazarin au Collége, sa destination, 10, 145.—L'idée première est due à Richelieu, 13, 144. — Où elle devait être établie, 43. — Où les élèves devaient être pris, 147.— De quoi devait se composer son personnel, 154. — L'Université s'oppose à sa création, 73 et s., 174.—Absurdité de cette mesure, 74.—Sage prévoyance de Mazarin, 75
AHERNE, gardien de la biblioth. du Collège, son traitement, 89.
ALLO (Charles Tharel d'), procureur du Collège, 87.—Ses comptes rendus, 187.

ANNE D'AUTRICHE, son nom donné à l'église des Théatins, 151.
ANQUETIL, historien, élevé au Collége, 96.
ANTHEAUME (Esloy), chandelier, exproprié pour la construct. du Collége, indemnité qui lui est accordée, 42.
APPARTEMENTS dépendant du Collége, où situés, par qui occupés, prix des loyers, 119 et s.
ARISTE (Pierre), commis du Cte de Brienne; exproprié pour la construct. du Collége, indemnité qui lui est accordée, 41.
ASSEMBLÉE CONSTITUANTE, ses vues sur l'instruct. publique, 132.
ASSEMBLÉE LÉGISLATIVE, ses mesures relativ. à l'Université, 132.

BAILLET (D.), sous-bibliothéc. au Collège, 88.

BAILLY (Jean-Sylvain), maire de Paris, élevé au Collége, 95.
BARBIER DU BOCAGE, élevé au Collége, 96.
BART (Phil.-Franç.), petit-fils de Jean Bart, élevé au Collége, 94.
BART (Gaspard-Franç.), élevé au Collége, 94.
BART (Jean), amiral, quand anobli, 95.
BARTHÉLEMY (Pierre), tailleur de pierre. fait les deux cadrans solaires de l'Institut, 47.
BEAUFORT (de), élevé au Collége ; origine de sa famille, 94.
BENOISTON DE CHASTEAUNEUF, membre de l'Institut, élevé au Collége, 97.
BERRY (duc de), agrandit l'hôtel de Nesle, 30.
BERTHIER, sous-bibliothéc. au Collége, 88.
BEURRE, prix de la livre en 1776, 106 — Ce que le Collége en consommait, année moyenne, 107, 124.
BIBLE, lue au réfectoire par les élèves du Collége, 105.
BIBLIOTHÉCAIRES du Collége par qui nommés. 153, 170. — Leurs fonctions. 85, 171. — Leur responsabilité, 85, 153, 170. — Leur traitement, 173. — Dans quel ordre ils se sont succédé, 86.
BIBLIOTHÈQUE DE L'INSTITUT, destination primitive du local qu'elle occupe, 63.
BIBLIOTHÈQUE MAZARINE, est léguée au Collége, 11, 146, 154. — Bâtie sur l'emplacement de la tour de Nesle, 44. — Frais de sa construct., 45. — Sur quel modèle elle a été construite, 62. — Modificat. faites au plan primitif, 63. — Sa description, 56. — Quand terminée, 77. — Quand ouverte au public, 9, 14, 77, 146, 170. — Voyages de Naudé pour l'enrichir, 146. — Ses revenus, leur origine, 123, 156, 171. — Son personnel, 153, 170. — Sa comptabilité en 1791, 134. — Par qui étaient nommés les bibliothéc., les sous-bibliothéc. et les gardiens, 153, 170, 86. 88, 85.
BIBLIOTHÈQUES PUBLIQUES qui existaient en 1643, 9.
BIENVENUE (droit de), payé par les élèves, Riballier le supprime, 108.
BILLARD, les élèves en avaient un à leur disposition, 112.
BILLARD, général, élevé au Collége, 97.
BLANCHE de Bourgogne, ses débordements, 28, 29.
BLANCHISSAGE, combien il coûtait par année au Collége, 107, 125. — Longtemps payé par les élèves, 108.
BLASNES (Henri de), élève du Collége, chassé pour inconduite, 111.
BODLEY, fonde la biblioth. d'Oxford, 9.
BOILEAU, lit ses prem. satires à l'hôtel de Guénégaud, 32.
BONNET (Ferdinand), avocat, élève du Collége, 97.
BORDELLE (Porte), voyez SAINT-MARCEL (porte).
BORROMÉE (cardinal), fonde la biblioth. Ambrosienne, 9.
BOUCHER D'ORÇAY, prévôt des marchands, le quai de la Grenouillère prend son nom, 19.
BOUCHERAT, chancelier, les exécut. testament. de Mazarin se l'adjoignent, 17. — Contre-signe les lettres patentes de 1688, 174.
BOUCOT (Nicolas), receveur des domaines de la ville de Paris, 39.
BOUTIQUES qui entouraient la façade du Collége, par qui occupées en 1689, 54 et s. — Prix auquel elles étaient louées, augment. successive des loyers, 120.
BRAILLES (Louis-Charles de), grand-maître du Collége, 83.
BRÉHAN (de), conseiller, occupait un des appart^{ts} dépendant du Collége, comb. il le louait, 119. — Va habiter la r. Mazarine, 122.
BRIENNE (Cte de), ministre des aff. étrangères, 41.
BRIENNE (L. de), scène curieuse qu'il a rapportée au sujet de Mazarin, 4.
BRILHAC (Pierre de), cons^r au Parl^t, présente le rapport tendant à l'enregistr^t de l'acte de fondat. du Collége, 165.
BRION, profess. de philosophie au Collége, son traitement, 89.
BRION, procureur du Collége, 87. — Son compte rendu pour 1791, 133, 134.

— 195 —

Brisset, garçon de salle au Collége, ses gages, 90.
Bruget (Emm.-Clém.-Chrét.), procureur au Collége, 87. — Son traitement, 88.—Nommé grand-maître, 83.
Buci (porte de), où située, origine de son nom, 23.
Buridan (Jean), échappe aux attentats de Jeanne de Bourgogne, 28 et s.
Bus (Bernard du), épicier, exproprié pour la construct. du Collége, indemnité qui lui est accordée, 41.

Cadet-Gassicourt (Ch. L.), chimiste, élève du Collége, 96.
Calonne (Charles-Alex. de), contrôleur des finances, élève du Collége, 96.
Calonne (Jacq.-Ladislas de), élève du Collége, 96.
Calonne (Jean-Bapt. de), élève du Collége, 96.
Cambronne, élève du Collége, 95.
Cazin, portier au Collége, ses gages, 89.
Ceard, gardien de la biblioth. du Collége, ses gages, 89.
Cellini (Benven.), comment il s'installe dans l'hôtel de Nesle, 38.
Chambres des élèves, où situées, 63, 64 - Comment s'en faisait la distribution, 103. -- Leur mobilier, 104.— Souvent visitées par les sous-maîtres, 105, 182.—Les élèves y étaient enfermés la nuit, 112.
Chandelles, longtemps payées par les élèves, 108. — A quelle heure elles devaient être éteintes, 178. — Comb. de livres le Collége en consommait par année, 107. — Prix de la livre en 1696, 106. — *Voyez* Éclairage.
Chapelain du Collége, par qui nommé, 152, 169. — Chargé de surveiller les exercices relig., 113.—Son traitement, 89.
Chapelain, professeur au Collége, fait partie de la commission de surveill. nommée en 1791, 134.
Chapelle du Collége, sa construct. ordonnée par Mazarin, 10 — Frais qu'elle entraîne d'après le devis de Levau, 45.— Dépenses faites pour son mobilier, 61.— Sa physionomie extérieure, 52.—Sa description intérieure, 57 et s.--Les cendres de Mazarin y sont transportées, 76. Professeurs qui y furent inhumés, 97.—Noms et trait^{ts} du chapelain et du sacristain en 1789, 89.
Charbonnet, profess^r de rhétorique au Collége, son traitement, 89.
Charlemagne (Jean-Armand), auteur dramat., élève du Collége, 97.
Charles VI, donne l'hôtel de Nesle au duc de Berry, 30.
Charles VII, donne l'hôtel de Nesle à François Ier, duc de Bretagne, 30.
Charles IX, aliène une partie du domaine de Nesle, 31.
Charolais (duc de), devient propriétaire de l'hôtel de Nesle, 31.
Chartreux (couvent des), où situé, 20.
Charvey (Nicolas), élève du Collége, 95.
Chasles (Philarète), destination primitive de l'app^t qu'il occupe à l'Institut, 63.
Chauffage du Collége, combien il coûtait par année, et de quoi il se composait, 107, 124.—Longtemps payé par les élèves, 108.
Chauveau, profess^r de mathémat. au Collége, son traitement, 89.
Chevallier, frotteur et correcteur au Collége, ses gages, 90.
Chrétien, garçon de corridor au Collége, ses gages, 90.
Cinq-Mars, amant de Marie de Gonzague, 31.
Classes du Collége, quand ouvertes, 77. — Où situées, 63, 64. — Leurs dénominations et leur organisat., 109, 110, 169.
Clèves (Henriette de), sa passion pour Coconas, 31.
Cochin (Henri), avocat, élève du Collége, 95.
Coconas, amant d'Henriette de Clèves, 31.
Coislin (Mis de), exproprié pour la construct. du Collége, indemnité qui lui est accordée, 39.
Colbert, engage Mazarin à resti-

tuer une partie de ses biens, 7.
—Devient un de ses exécut. testam., 17, 158.—Veut faire bâtir le Collége sur les terrains de Nesle, 18 et s.—Son projet rencontre une vive opposition, 20. — Dirige les expropriations, 39. —Fait expulser du Collége toutes les personnes étrangères à l'etablissement, 70.

COLLÉGE DE BOURGOGNE, sa fondation, 29.

COLLÉGE DE FRANCE, François 1er songe à l'établir sur les terrains de Nesle, 19.

COLLÉGE DE LISIEUX, sa situation, 23.

COLLÉGE DE NAVARRE. J. L. Geoffroy y enseigne la rhétorique, 99.

COLLÉGE DE L'UNITÉ, nom donné en 1792 au Collége, 135.

COLLÉGE DES BERNARDINS, où situé, 22.

COLLÉGE DES CHOLETS, sa situation, 24.

COLLÉGE DES QUATRE-NATIONS, hésitat. de Mazarin sur le nom qu'il doit lui donner, 9. — Dans quel but et sous quelles conditions il est fondé, 10, 145. — Revenus que lui assigne Mazarin, 11, 155 et s. — Quel nom lui est resté, 14. — Différents emplacements proposés pour sa constr., 18 et s.—Le Recteur exige qu'il soit établi dans l'Université, 21. — Protestation du prévôt des marchands, 24.—Louis XIV ordonne qu'il soit bâti sur le domaine de Nesle, 26.—Superficie jugée nécess. pour sa construct., 37. — Expropriations, indemnités accordées, 38 et s.— Architectes chargés de la construct., 42.—Plan de Levau, 43. —Devis des dépenses, 45.—Noms donnés aux deux pavillons, 44. — Descript. de la façade, 51.— Boutiques qui l'entouraient, 51. —Descript. de la première cour, 56. — Descript. de la chapelle, 52 et s.—De la biblioth., 62. — Des deux dernières cours, 63, 64. —De la cuisine, 65.—Logements des professeurs et des élèves, 63. —Quand terminé, 69, 77. — Expérience qu'y fait le professeur Gandouin, 70.— La fondat. approuvée par Louis XIV, 71, 160. 166.—L'Université est suppliée de l'admettre dans son sein, 72. —Condit. qu'elle lui impose, 73 et s. — Elle supprime l'Académie, 74. — Absurdité de cette mesure, 75.—Il est placé sous le contrôle de la Sorbonne, 81;—et du Parlement, 148. — Les cendres de Mazarin y sont transportées, 76.—Ouverture des classes et de la biblioth., 77.—Fonctions des inspecteurs, 82 — Liste des grands-maîtres, 83.—Des bibliothéc., 86.—Des procureurs, 87.— Fonctions du sous-principal, 88. —Liste des sous-bibliothéc., 88. —Liste des fonctionnaires en 1789, 89.—Nombre des élèves à diff. epoques, 90. — Conditions d'admission, 91 et s.—Trousseau à fournir, 92.—Elèves et professeurs devenus célèbres, 94, 97 et s. — Un observatoire y est construit pour Lacaille, 98. — Comment se faisait la distribut. des chambres aux élèves, 103.— Leur mobilier, 104.—Réfectoire, couverts, linge, vaisselle, 105.— Nourriture, consommation du Collége, année moyenne, prix des denrées alimentaires en 1689, 106 et s.—Réformes opérées par Riballier, 108 — Organisat. des classes, 109 — Peines corporelles, 110.—Exclusions, 111, 169. —Heures des repas, récréations, promenades, sorties, 112.—Exercices religieux, distribut. des prix, tragédie, 113, 114.—Revenus du Collége, 117 et s.—Appart[ts] qui en dépendaient, ce qu'ils étaient loués, 119. — Boutiques et maisons qui lui appartenaient, comment louées, 120 et s. — Origine et montant des revenus de la biblioth., 123. — Dépenses annuelles du Collége, 124.— Pertes qu'il éprouve sous la Regence, 125.—Ses contributions patriotiques, 126.—Désordres qu'y amène la Révolut., 133.—Il est placé sous une commiss. de surveill., 134.—Devient Coll. de l'Unité, transformé en maison d'arrêt, puis en école centrale, 135. — En école des beaux-arts, 136.—On y installe l'Institut, 137.

COLLÉGE DU CARDINAL LEMOINE, où situé, on songe à y établir le Collége, 20

COLLÉGE DU PLESSIS, le Collége lui achète des décors et des costumes pour la tragédie, 114.

COLLÉGE SAINT-LAZARE, pris pour modèle par l'architecte du Collége, 44.

CONSTITUTION CIVILE DU CLERGÉ, plus. profess. du Collége refusent d'y adhérer, 82, 86.

CONTI (princesse de). achète l'hôtel de Nevers, 32.

CONTI (hôtel de, construit après le Collége, 43.

CONVENTION, fait vendre les biens des colléges, 135 — Fonde l'Institut de France, 136.

COQUET, chandelier, un des locataires du Collége, 55

CORDELIERS (porte des), *voyez* SAINT-GERMAIN (porte).

CORDEMOY, son Histoire de France lue au réfectoire par les élèves, 105.

CORNET, domestique du Collége, ses gages, 89.

CORRECTEUR, nom donné au domest. chargé d'administrer les peines corporelles, 110. — Ses gages, 90.

COSSON (P. Ch.). profess. de seconde au Collége, son système d'enseignement, 99.

COULEAU (P.), bibliothécaire au Collége, 86.

COUVERTS dont se servaient les élèves du Collége au réfectoire, 105.

COYSEVOX, sculpteur, exécute le mausolée de Mazarin, 59.

CRÉBILLON, élève du Collége, 95.

CUISINE du Collége, où située, 64. —Dépenses faites pour son installation, 65. — Gages du chef de cuisine, de son aide, du laveur, du récureur, 89, 90. — *Voyez* NOURRITURE.

CUSTINES, élève du Collége, 95.

DAIRE, chapelain du Collége, son traitement, 89.

DAIRE, professeur de 4e au Collége, son traitement, 89.

DAIRE, sous-maître au Collége, son traitement, 89.

DANSE. Mazarin ordonne qu'elle soit enseignée aux élèves du Collége, 10, 154. — L'Université s'y oppose, 73; ainsi que les lettres patentes de 1688, 174. — Absurdité de cette mesure, 74 et s. — Où la salle devait être établie, 43.

DAVID, peintre, élève du Collége, accident qui lui arrive, 96.

DELAFORGUE (Mar.-Ant.), sous-bibliothéc. au Collége, 88

DELISLE (Nicolas), astronome, élève du Collége, 95.

DELVINCOURT, jurisconsulte, élève du Collége, 96.

DEMOURS (Pierre), médecin, élève du Collége, 95.

DÉPENSES du Collége, comment elles se répartissaient, 124 et s.

DÉSAUGIERS, poëte, élève du Collége, 96.

DESFORGES, poëte, élève du Collége, 96

DESJARDINS, sculpteur, travaille à la chapelle du Collége, 58.

DESMARAIS (P.), bibliothécaire au Collége, 86.

DESPLACES, vétérinaire, élève du Collége, 96

DESTOUCHES, poëte, élève du Collége, 95.

DIAMANTINE, comédienne, une des locataires du Collége, prix de son loyer, 122.

DISTRIBUTION DES PRIX au Collége, frais qu'elle occasionnait, 113, 125.

DOMESTIQUES du Collége, où logés, 65.—Leurs fonctions, 176 et s.— Leur nombre et leurs gages en 1789, 89 et s., 124.

DOR, vitrier, occupait une des boutiques qui dépendaient du Collége, 54.

DORBAY, architecte, employé à la construct. du Collége, ses honoraires, 42.—Construit la bibliothèque, 62.

DREUX, chef de cuisine au Collége, ses gages, 89.

DUBOULAY (Egasse), recteur de l'Université, signat. autographe, 112.

DUGUET, jardinier du Collége, ses gages, 90.

DULAURE, comment il juge le mausolée de Mazarin, 59.
DUMOUCHEL, recteur de l'Univ., sa biographie, 131. — Sa démarche à l'Ass. nationale, 132
DUPUIS, profess. au Collège, membre de la commiss. de surveill. nommée en 1791, 134.

ECLAIRAGE, ce qu'il coûtait par année au Collège, 124. — *Voyez* CHANDELLES.
ECLASSAN, libraire, occupait deux boutiques appartenant au Collége, 54.
ECOLE DE DROIT, quand installée dans le local actuel, 72.
ECOLE DE MÉDECINE, où située en 1674, 72
ECOLES CENTRALES, comment etablies, 135.
ECOUCHARD, poëte, élève du Collége, 96
ÉLÈVES DU COLLÉGE, par qui nommés, 10, 93, 148, 167. —Chapelle qui leur etait réservée, 57. — Tenus de parler latin, 70. — Pourquoi parmi eux peu de noms célèbres, 71, 75.—Devaient faire preuve de nob.esse, 91. — D'où devaient être originaires, 90, 147, 167, 168. — Leur nombre à diff. epoques, 91, 167. -- Age d'admission, 93, 167. — Trousseau à fournir, 92. — Devaient être catholiques, 93.—Elèves qui ont laissé un nom célèbre, 94 et s.—Comment on leur distribuait les chambres, 104.—Leur mobilier, 105. — Où ils travaillaient, 105.—Comment nourris, 106. — Recevaient cent liv. par an, 107, 124, 163. Redevances qui leur furent imposées, 108.— Organisation des classes, 109 et s. — Heure du lever, 111; des repas, des récréations, du coucher, etc., 112. — Exercices religieux, confession, 113.
EON (le chevalier d'), élève du Collège, 96.
ESCRIME, Mazarin ordonne qu'elle soit enseignée aux élèves, 10, 154. — L'Univ. s'y oppose, 73; ainsi que les lettres patentes de 1688, 174 — Absurdité de cette mesure, 74 et s. — Où la salle d'escrime devait être placée, 43.
ETRENNES payées par les élèves, Riballier les supprime, 108.
EXCLUSIONS, comment réglées, 109. —Exemple cité, 111.
EXERCICES RELIGIEUX, comment régles, 113, 182. — Prière du matin, 176, 179. - Béne-dicité, 177. —Exercices du dimanche, 179, 180.
EXPROPRIATIONS faites pour la construc. du Collége, indemnités payées aux pers. expropriees, 37 et s. - Somme totale qu'elles coûtèrent, 42, 45.

FACULTÉS dont se composait l'Université, 72.
FLEUTRIE (Barth. de la), procureur au Collége, 87.
FONTAINES de l'Institut, quand établies, 52.
FORESTIER, sous-principal au Collége, son traitement, 88.
FOSSÉS (rue des), un des noms primitifs de la rue Mazarine, 66.
FOUQUET, un des exécut. testam. de Mazarin, 17, 158. — Propose de bâtir le Collége au jardin des Plantes, 21.
FOURMONT (Etienne), orientaliste, élève du Collége, 95.
FOURNITURES DE CLASSES, longtemps payées par les elèves, 108.
FRANCASTEL (Pierre de), sous-bibliothécaire au Collége, 88.
FRANÇOIS Ier, roi de France, songe à etablir le coll. de France sur les terrains de Nesle, 19.—Donne le domaine de Nesle à la ville de Paris, 38. — Le lui reprend pour y placer B. Cellini, 39.
FRANÇOIS Ier, duc. de Bretagne, Charles VII lui donne l'hôtel de Nesle, 30.
FRÉMOIS, profess. de 3e au Collége, son traitement, 89.
FROTTEUR du College, ses gages, 90. — Charge d'administrer les peines corporelles, 110.

GAFFAREL (J.), biblioth. de Richelieu, son voyage en Italie, 146.
GAGUIN (Rob.), son témoignage sur les attentats de Jeanne de Bourgogne, 28 et s.

— 199 —

GANDOUIN, professeur, sa theorie pour l'enseign¹ du latin, 70.
GARÇONS DE CORRIDOR, leur nombre et leurs gages, 90. — Leurs fonctions, 176, 182.
GARDIENS DE LA BIBLIOTHÈQUE, par qui nommés, 85, 170.—Leurs gages, 89, 173.
GARNIER (Barthel.), peintre, élève du Collége, 97.
GEOFFROY (Jul. L.), professeur de rhétorique au coll. de Navarre, puis aux Quatre-Nations, son traitement, 89, 99.
GOLIER (J. R.), procureur du Collége, 87.
GONZAGUE (Marie de), maîtresse de Cinq-Mars, 31.—Fait demolir l'hôtel de Nesle, 32.
GOUJET (l'abbé), élève du College, 95.
GOURVILLE, intendant du duc de La Rochefoucault, 32.
GRAND-MAÎTRE du Collége, par qui nommé, 171.—Ses fonctions, ses prérogatives et son traitement, 82, 88, 150, 152, 153, 154, 168, 171, 173. — Appartement qu'il occupait, 63.—Liste des grands-maîtres du Collége, 83.
GRENOUILLÈRE (quai de), sa situation, son histoire, étymologie de son nom, 19.
GRUIN (Magdeleine), expropriee pour la construct. du Collége, indemnité qui lui est accordee, 40.
GUÉNAUD, médecin de Mazarin, lui déclare que sa maladie est mortelle, 3.
GUÉNÉGAUD (rue), maisons que le Collége y possedait, 121.
GUÉNÉGAUD (Henri de), était propriétaire de la tour de Nesle, 39. — Indemnité qu'il reçoit pour l'expropriation, 40.— Fait bâtir son hôtel sur un demembrement du domaine de Nesle, 32. — Contre-signe les lettres patentes portant confirm. de la fondat. du Collége, 163.
GUÉPRATTE, ingénieur, etudie à l'école centrale établie au Collége, 136.

HANET, agent du Collége, son traitement, 89.
HANET, horloger, occupait deux boutiques dependant du Collége, 54.
HARICOTS, ce que le Collége en consommait, année moyenne, 107, 124.
HAUCHECORNE, profess. de philosophie au Collége, son traitement, 88.—Fait partie de la commiss. de surveillance nommée en 1791, 134.
HAUQUET, sous-maître au Collége, son traitement, 89.
HELVETIUS, élève du Collége, 95.
HÉNAULT (le président), elève du Collége, 95.
HENNEBERT, profess. de seconde au Collége, son traitement, 89.
HENRI II, ordonne la vente d'une partie du domaine de Nesle, 31.
HOOKE (L. J.), biblioth. au Collége, son traitement, 88 — Refuse de prêter serment à la constitution civile du clergé, 86, 134.
HÔTELS d'Anvers, de Flandres et d'Orléans, noms donnés à trois maisons appartenant au Collége, 122.
HÔTELS MEUBLÉS situés rue Mazarine au XVIIIe siècle, 122, 123.
HOZIER (d'), chargé de vérifier les titres de noblesse des élèves du Collége, 92.

IMPÔTS, ce que le Collége en payait par année, 124.
INDEMNITÉS accordees aux pers. expropriées pour la construct. du Collège, 37 et s. — Somme totale qu'elles atteignent, 42, 45.
INSPECTEURS du Collége, devaient être docteurs de Sorbonne, 10, 81.—Leurs fonctions, 82, 87, 149, 172.—Par qui nommés, 10, 171. —Refusent de prêter serment à la constitut. civ. du clergé, 134.
INSTITUT DE FRANCE, créé par la Convention, dans quel but, où installé, 136. — Reorganisé par le premier consul, 137.—Transféré au Collége, 138. — Changements faits à la chapelle du Collége lors de sa prise de possession, 56 et s.
INSTRUCTION PUBLIQUE, mesures

prises à son égard par les ass. révolut., 132.—Réorganisée,135.

JARDIN DES PLANTES, son origine, 21. — On songe à y installer le Collége, 20. — A le transporter au bois de Vincennes, 21.

JARDIN DU COLLÉGE, où situé, replanté par Riballier, 66.—Nom et gages du jardinier en 1789, 90.

JEALLIN (Geneviève), expropriée pour la construction du Collége, indemnité qui lui est accordée, 41.

JEANNE DE BOURGOGNE, attentats qui lui sont imputés, 26 et s. — Fonde le collége de Bourgogne, 29.

JOLY, curé, engage Mazarin à restituer une partie de ses biens, 7.

JOMARD, élève du Collége, 97.

JOUVENET, peintre, longtemps locataire du Collége, 120.

JURISPRUDENCE, l'Université s'oppose à ce qu'on l'enseigne au Collége, 73.

KELLERMANN (François Etienne), élève du Collége, 97.

LABOUR, profess. de 6e au Collége, son traitement, 89.

LACAILLE (Nic.-Louis de), profess. de mathem. au Collége, à Bailly pour élève, 95. — Inhumé dans la chapelle, extrait des lettres envoyées lors de sa mort, 97.— Observatoire qui lui est construit au Collége, 98.

LAMBERT, architecte, exproprié pour la construction du Collége, indemnité qui lui est accordée, 40.—Employé à la construct. du Collége, ses honoraires, 42.

LAMOIGNON (Guill. de), un des exécuteurs testament. de Mazarin, réunions qui ont lieu chez lui, 17, 158.

LAMY, tapissier, un des locataires du Collége, 54.

LANGE, comédien, habitait une maison appartenant au Collége, prix de son loyer, 122.

LANGLOIS, occupait un appartement dépendant du Collége, prix de son loyer, 119.

LAPOTERIE, biblioth. de Mazarin, pension qui lui est accordée, 86, 173.

LARD, ce que le Collége en consommait chaque année, 107, 124.

LAVOISIER, chimiste, élève du Collége, 95.

LEBAS, architecte de l'Institut, ses réclamat. inutiles, 64.

LEBLANC, aubergiste, un des locataires du Collége, 55.

LEBLOND (Gaspar-Michel, dit), biblioth. au Collége, 86, 88, 89. —Fait partie de la commission de surveill. nommée en 1791, 134.

LEBRETON (J.), fournit les lettres de cuivre pour les inscriptions de la chapelle et du Collége, 47.

LEBRUN, voyez ECOUCHARD.

LEFOUIN, un des notaires qui reçurent le testam. de Mazarin, 9, 141.

LEGENDRE, mathématicien, élève du Collége, 96.

LEGUAY (Etienne), garde-clef de la porte de Nesle, indemnité qui lui est accordée lors de la démolition, 40.

LEKAIN, acteur, élève du Collége, 95. — Prend part comme souffleur aux représentations, 114.

LEMARINIER (Nic.), fournit le cuivre nécess. pour la décoration du Collége, 47.

LENOIR (Alex.), archéologue, élève du Collége, 96.

LENTILLES, ce que le Collége en consommait par année, 107, 124.

LÉPINE, garçon de salle, ses gages, 90.

LEROUX, tailleur, un des locataires du Collége, 54.

LETELLIER, un des exécut. testam. de Mazarin, 17, 158.

LETELLIER, profess. au Collége, fait partie de la commission de surveill. nommée en 1791, 134.

LEVASSEUR (Nic.), un des notaires qui reçurent le testament de Mazarin, 9, 141.

LEVAU, architecte, propose de bâtir le Collége en face du Louvre, 24.—Dresse un plan suivant cette idée, 25.—Règle le prix d'achat des terrains destinés au Collége, 37.—Dirige la construction, ses honoraires, 42. — Son plan, 43.

— Dresse le devis des dépenses, 44. — Inexactitude de ce devis, 46.

Lits des élèves, leur grandeur, et comment garnis, 104.

Locquet, sacristain du Collége, ses gages, 89.

Loret, publie les nouvelles de la maladie de Mazarin, 6.

Louis XIV, légat. univ. de Mazarin, 7. — Il rend au cardinal tous ses biens, 8. — Fait restaurer le quai de la Grenouillère, 19. — Consent à ce que le Collége soit établi au jardin des Plantes, 21. — S'oppose à ce qu'on l'installe au Luxembourg, 26. — Règle l'indemnité à payer à M. de Guénégaud, 39. — Approuve la fondat. du Collége, 71, 75, 164. — Éloges qu'il donne à Mazarin, 160, 161.

Louvre, le tombeau de Mazarin y est conservé, 14, 61. — Mazarin y avait caché cinq millions, 8. — Levau propose de bâtir le Collége vis-à-vis, 24. — Ce plan est adopté, 26. — Artistes qui l'habitaient au xviiie siècle, 137. — L'Institut y est installé, 136.

Luxembourg (palais du), son origine, 26. — On propose d'y installer le Collège, 25. — Louis XIV s'y oppose, 26.

Mainferme, aide de cuisine au Collége, ses gages, 89.

Maisons appartenant au Collége, où situées, 121. — Portées à quelle somme sur le devis de Levau, 45. — Prix des loyers, 121, 122, 123. — Locataires, 122, 133. — Frais annuels de réparations, 124.

Malaquais (quai), Mazarin y installe les Théatins, 151.

Manége, Mazarin ordonne qu'il en soit établi un au Collége, 10, 154. — Où il de ait être construit, 43. — Porté à quelle somme sur le devis de Levau, 45. — L'Univ. s'oppose à sa construction, 73; ainsi que les lettres patentes de 1688, 174. — Absurdité de cette mesure, 74 et s.

Manne (L. J. Ch. de), conservat. à la Bibl. royale, élève du Collége, 97.

Mansart, construit l'hôtel de Guénégaud, 32.

Marguerite de Bourgogne, ses débordements, 28, 29.

Mariage (Simon), ses titres et ses fonctions, 44. — Signature autographe, 142.

Marie de Médicis, fait bâtir le Luxembourg, 25, 26.

Marmontel, disputes théologiques au sujet de son *Bélisaire*, 83 et s.

Martinets, ce qu'ils étaient, 109. — Admis au Collége, 172.

Martinot (Henri), fournit l'horloge du Collége, 46.

Mathématiques, étaient enseignées au Collége, 109, 154, 169. — État de cet enseignement au xviie siècle, 109. — Professeurs qui les enseign. au Collége, 89, 97, 98. — Leur traitement, 89.

Mathon, garçon de corridor au Collége, ses gages, 90.

Mathurins (couvent des), l'Université s'y réunit, 72.

Maurice (André), sergent à verge, exproprié pour la construct. du Collége, indemnité qui lui est accordée, 41.

Mausolée de Mazarin, porté à quelle somme sur le devis de Levau, 45. — Mazarin veut qu'il soit déposé dans la chapelle, 14. — Sa description, 58. — Critiques qu'il a soulevées, 59. — Épitaphe qui l'accompagne, 60.

Mazarin (cardinal), circonst. qui précèdent sa mort, 3, 4. — Sa dernière maladie, 5. — La Cour le suit à Vincennes, 6. — Ses richesses, 7, 8. — Son legs à Louis XIV; son testament, 8, 141, 160. — Ouvre sa biblioth. particul. au public, 9. — Dans quel but il fonde le Collége, 10, 145, 161. — Revenus qu'il lui lègue, 117, 118, 155 et s. — Réalise deux idées de Richelieu, 11 et s. — Où est auj. son tombeau; ses efforts pour égaler Richelieu, 14. — Ses exécut. testament., 17, 158. — Agrandit le jardin des Plantes, 21. — Frais de son mausolée, 45. — Ses armoiries sculpt. sur le quai des Quatre-Nations, 54; sur le fronton de la biblioth., 56. — Chapelle réservée pour sa sépulture, 57. — Son mausolée,

59, 61. — Son épitaphe, 60. — Reconnaiss. que lui témoigne Louis XIV, 71, 160, 161.—L'Université s'oppose à ses volontés, 73. — Sa prévoyance restée incomprise, 74.—Fonde les Theatins, 151. — Ses cendres transportées au Collége, 76 — Ordonne que la biblioth. du Coll. soit ouverte au public, 146, 154. —Ses titres à la reconnaiss. de la France, 151. — Les couverts du Coll. étaient marqués à ses armes, 105 ; ainsi que les livres donnés en prix, 113.

MAZARIN (duc de), dot que lui apporte sa femme, 6. - Son opinion sur les biens qu'il tenait de Mazarin, 7.— Les exécuteurs testam. de Mazarin se l'adjoignent, 17.—Propose d'établir le College au Luxembourg, 25. — Refuse de quitter le Collége, 69.—Un arrêt l'y contraint, 70.

MAZARIN (Gui-Paul-Jules), un arrêt lui rend le droit de désigner les élèves du Collége, 93.

MAZARIN (rue de), un des noms primitifs de la r. Mazarine, 66.

MAZARINE (rue), diff. noms qu'elle porta, 66.—Maisons que le Collége y possédait, 121.—Renfermait plusieurs hôtels meubles, 122.

MÉDECINE, l'Univ. s'oppose à ce qu'on l'enseigne au Collége, 73.

MÉNÉE DE LA TOUCHE, élève du Collége, 96.

MERCIER, comment il juge la fondation du Collége, 10; et les fonctions de grand-maître, 82.

MEUBLES qui garnissaient les chambres du Collége, 104. — Longtemps payés par les élèves, 108.

MICHAUD, historien, emprisonné au Collége, 135.

MILLEVOYE. étudie à l'école centrale établie au Collége, 136.

MINGOT (Jean), avocat, exproprié pour la construct. du Collége, indemnité qui lui est accordée, 41.

MIRABEAU, comment il juge l'anc. Universite, 132.

MOLÉ, sous-biblioth. au Collége, 88.

MOLIÈRE, l'Université fait fermer son théatre, 72.

MONIER, récureur au Collége, ses gages, 90.

MONNAIES (hôtel des), élevé sur l'emplacement de l'hôtel Conti, 32. — Ses empiétements sur le Collége, 64.

MORAND (François), chirurgien, élève du Collége, 95.

MORON (P. J. Lechapelier de), grand-maître du Collége, 83.

MOUTARDE, ce que le Collége en consommait par année, 107, 124.

MUSÉE DES PETITS-AUGUSTINS, son fondat. élève au Collége, 96.— Le mausolée de Mazarin y est transporté, 59, 61.

NAPOLÉON Ier, réorganise l'Institut 137.

NAUDÉ (Gabr.), bibliothéc. de Mazarin, ses voyages, 146.

NESLE (Amaury de), vend l'hôtel de Nesle à Philippe le Bel, 26.

NESLE (domaine de), François Ier veut y fonder le coll. de France, 19.— Donne au prévôt des marchands, 38. — Occupé par Ben. Cellini, 39. — Son histoire, 26 et s.—Son état en 1661, 33.—On songe à y établir le Collége, 18. — Acheté par les exec. testam. de Mazarin, 40 et s.—La biblioth. Mazar. construite sur l'emplac[t] de la grosse tour, 44.

NESLE (porte de), sa situation, 23. —La ville de Paris chargée de sa reconstruct., 38.—Comment on y arrivait en 1660, 66. — Achetée par les exécut. testam. de Mazarin, 40.

NESLE (petite rue de), sa situation, 41.

NESLE (rue des Fossés de), où située, 66.

NEVERS (duc de), achète une partie du domaine de Nesle, 31.

NICERON (J. P.), élève du Collége, 95.

NIVERNOIS (Ph. J. Fr. duc de), obtient le droit de nommer les élèves du Collége, 94.

NOURRITURE, ce qu'elle était, ce qu'elle coûtait, de quoi elle se composait, 106 et suiv., 124. — *Voyez* CUISINE

OBSERVATOIRE, elevé au Collége pour Lacaille; ceux qui existaient alors à Paris, 98.
ONFROY (Jean), conseiller, exproprie pour la construction du Collége, indemnité qui lui est accordée, 41.
ORLÉANS (Mar. L. d'), acquiert le palais du Luxembourg, 25.
ORLÉANS (Gaston d'), Marie de Médicis lui lègue le palais du Luxembourg, 25, 26.
ORLÉANS (palais d'), voyez LUXEMBOURG.

PAIN, ce que le Collége en consommait par année, 107, 124.— Variat. du prix de la livre depuis 1789, 106.
PASTEL (Jean-Ant.), un des grands-maîtres du Collége, 83.
PATIN (Gui), détails qu'il fournit sur la dern. maladie de Mazarin, 5. — Annonce où sera construit le Collége, 18.
PEINES CORPORELLES, par qui administrées au Collége, 110. — Désordres qu'elles entraînaient, 111.
PETIT (Marie), exproprié pour la construct. du Collége, indemnité qui lui est accordée, 41.
PETITAIN (L. Germ.), élève du Collége, 96.
PHÉLIPEAUX, contre-signe les lettres patentes de 1688, 174.
PHILIPPE AUGUSTE, entoure l'Université de murailles, 22, 26.
PHILIPPE LE BEL, achète l'hôtel de Nesle, 26.
PHILIPPE-HAMELIN (porte), nom primitif de la porte de Nesle, 23.
PIÉDALUE, portier au Collége, ses gages, 89.
PIQUES (Louis), un des biblioth. du Collége, 86.
POIS, ce que le Collége en consommait par année, 107, 124.
POPINEAU (Fr.), procureur, exproprié pour la construction du Collége, indemnité qui lui est accordée, 40.
PORTIERS du Collége, leurs noms et leurs gages en 1789, 89. — Recevaient les permissions de sortie des élèves, 112, 181.

POTET, profess. de 5ᵉ au Collége, son traitement, 89.
PRÉ AUX CLERCS, son origine et sa situation, 18.
PROCÈS, ce qu'ils coûtaient chaque année au Collège, 124.
PROCUREURS du Collége, par qui nommés, 171. — Leur situation hiérarchique, 85. — Leurs fonctions, 87, 150, 151. 153, 170. — Leur traitement, 86.—Rendaient chaque année compte de leur gestion, 81, 87.—Liste des procureurs du Collège, 87.
PROFESSEURS du Collége, par qui nommés, 169. — Leur nombre, 109, 152. — Leurs noms et leurs traitements en 1789, 88 et suiv., 124, 173.
PROMENADES des élèves au dehors, quels jours elles avaient lieu, 112.—Comment réglées, 180, 181.

QUATRE-NATIONS (quai des), la ville chargée de le réparer, 38. —Refait sur les fonds laissés par Mazarin, 55.—Sa descript., 56.
QUINOT (J. B.), un des biblioth. du Collège, 86.

RABOUYN (J.), un des procureurs du Collège, 87.
RACINE (J.), lit ses premières tragedies à l'hôtel de Guénégaud, 32.
RAULIN (André), un des procureurs du Collège, 87.—Son traitement, 88. — Refuse de prêter serment à la const. civ. du clergé, 134.
RAYMOND (cᵗᵉ de), occupait une des maisons apparᵗ au Collège, son loyer, 119.
RÉCRÉATIONS des élèves, à quelles heures elles avaient lieu, et comment réglées, 112, 177, 178, 179, 180.
RÉFECTOIRE, comment organisé, 105. — A quelles heures avaient lieu les repas, 112, 177, 178, 179.
REGNEZ, peintre, fait une inscript. civique pour le Collège, 133.
RELIGION, règle de l'Université à cet égard, 93. Voyez EXERCICES RELIGIEUX.
RETEL, sous-maître au Collège, son traitement, 89.

REVENUS du Collége, de quoi ils se composaient, 117 et s., 155 et s.
RIBALLIER, un des grands-maîtres du Collége, dates de son exercice, 83.—Railleries que lui attire sa critique de *Bélisaire*, 84 —Avait été d'abord procureur, 87.—Fait replanter le jardin du Collége, 66.—Lègue 300 liv. à de pauvres écoliers, 85. — Rétablit les vérifications de noblesse, 91. — Réformes utiles qu'il introduit, 107.
RICHELIEU (cardinal de), rapprochements entre lui et Mazarin, 4. — Ses intentions relativ[t] à sa biblioth., 11.—Etait bibliophile, 12.—Fournit à Mazarin l'idée du Collége, 13 —Enseveli à la Sorbonne, 11, 14.—Fonde le jardin des Plantes, 20. — Envoie ses bibliothéc. à l'étranger, 146.
ROBBE (Jac.), un des grands-maîtres du Collége, 83.
ROBERT (Cl.), serrurier, exproprié pour la construction du Collége, indemnité qui lui est accordée, 42.
ROCCA (Angelo), fonde la biblioth. Angélique, 9.
ROGER, un des locataires du Collége, 120.
RUPALLEY (Jean), bourgeois, exproprié pour la construction du College, indemnité qui lui est accordée, 40.

SACY (S. de), origine de l'appart[t] qu'il occupe à l'Institut, 54, 119.
SAINT-BERNARD (porte), où située, 22. — Un marché au charbon y était établi, 41.
SAINT-GERMAIN (porte), où située, 23.
SAINT-GERMAIN DES PRÉS (abbaye), cède le petit Pré aux clercs à l'Univ., 18. — Cède la porte Saint-Germain à S. de Buci, 23.—Le domaine de Nesle en dépendait, 38.
SAINT-JACQUES (porte), où située, 20.
SAINT-MARCEL (porte), où située, 23.
SAINT-MICHEL (porte), où située, 20.

SAINT-MICHEL EN L'HERM (abbaye de), ses revenus attribués au Collége, 11, 117, 157.—En quoi ils consistaient, 1.8 — S. Mariage charge de l'administrer, 44.
SAINT-VICTOR (porte), où située, 22.
SALMON (André), un des grands-maîtres du Collége, 83.
SÉGUIER contre-signe les lettres patentes portant confirmat. de la fondat. du Collége, 163.
SEL, ce que le Collége en consommait par année, 107, 124.
SÉMINAIRE SAINT-CHARLES, *voyez* COLLÉGE SAINT-LAZARE.
SILLERY (hôtel), où situé, 32.
SORBONNE, le Collége placé sous son contrôle, 10, 81, 149.—Chargée de veiller sur la biblioth. de Richelieu, 12. — Supprimée par l'Assemblée nationale, 132. — Richelieu y est enseveli, 11, 14.
SORTIES des élèves, comment réglées, 112, 181.
SOUS-BIBLIOTHÉCAIRES, par qui nommés, 85, 153, 170. — Leurs fonctions, 88, 171. — Leur traitement, 89, 173.—Liste des sous-bibliothéc. du Collége, 88.
SOUS-MAÎTRES, par qui nommés, 168.—Leurs fonctions, 105, 182, 177, 180.— Leur traitement, 89, 173
SOUS-PRINCIPAL, par qui nommé, 168.—Ses fonctions, 87, 152.—Titres qu'il devait posséder, 151, 169.—Son traitement, 173.
STELLA (J. T.), voyage en Allemagne pour Richelieu, 146.

TABOUREUX, vitrier, un des locataires du Collége, 55.
TALLEYRAND, ses efforts pour réorganiser l'Université, 132.
THÉATINS, appelés en France par Mazarin, 76, 151.— L'Univ. les exclut du Collége, 73, 169.
THÉATRES, interdits dans les limites de l'Univ., 72.—Théâtres dans les Colléges, *voyez* TRAGÉDIE.
THÉOLOGIE, l'Univ. s'oppose à ce qu'on l'enseigne au Collége, 73. —Comb. la faculté de théologie avait de Colléges, 72.
THIBOUST, libraire, fournissait les

— 205 —

livres donnés en prix au Collége, 113.
THUILLIER, garçon de corridor au Collége, ses gages, 90.
TOURNAIRE (Ant.), sellier, exproprié pour la constr. du Collége, indemnité qui lui est accordée, 41.
TOUSSEL, laveur au Collége, ses gages, 90.
TRAGÉDIE jouée au Collége, comment réglée, frais qu'elle occasionnait, 113, 114, 125.
TRÉSOR des Colléges, ce que c'était, 125.
TRIPOT, garçon de corridor au Collége, ses gages, 90.
TROUSSEAU que devait apporter chaque élève du Collége, 92

UNIVERSITÉ, ses limites, 22. — Ses fossés comblés, 38 — Sa division en nations, etc., 72. — Voulait que la langue latine fût seule parlée dans les Colléges, 70. — Faisait visiter même les chambres des professeurs, 105. — Son système des peines corporelles, 110. — Acquiert le pré aux Clercs, 18 — Devait surveiller le Collége, 150 — Veut qu'il soit construit dans ses limites, 21. — Suppliée de l'admettre dans son sein, 71. — Condition qu'elle lui impose, 73 et suiv — S'écroule d'elle-même, 131. — Démarche du dernier recteur à l'Assemblée nationale, 132.

VACQUERIE, sous-maître au Collége, son traitement, 89.

VALFONTAINE, limonadier, un des locataires du Collége, 54.
VALLOT, médecin de Louis XIV, s'oppose au déplacement du jardin des Plantes, 21.
VALMY (duc de), voyez KELLERMANN.
VARIGNON (Pierre), professeur de mathémat. au Collége, enseveli dans la chapelle, 97.
VARNIER (Nic.), un des procureurs du Collége, 87.
VAUDOYER, architecte, chargé de l'installat. de l'Institut au Collége, 57, 137.
VERMOND (J.), biblioth. au Collége, 86.
VIANDE, ce que le Collége en consommait par année; variation du prix de la livre en cent ans, 106, 124.
VILLEDOT, propose de construire le Collége au jardin des Plantes, 20.
VILLESDOIN (de), un des locataires du Collége, 119.
VIN, ce que le Collége en consommait par année, sa provenance, 107, 124.
VINAIGRE, ce qu'il coûtait en 1689, 106. — Ce que le Collége en consommait par année, 107, 124.
VINCENNES, Mazarin s'y fait transporter, 5. — La Cour l'y suit, 6. — Il y meurt, 76. — On songe à y établir le jardin des Plantes, 21.
VOLTAIRE, poursuit Riballier de ses plaisanteries, 84.

ZONGO ONDEDEI, évêque de Fréjus, un des exécut. testament. de Mazarin, 17, 158.

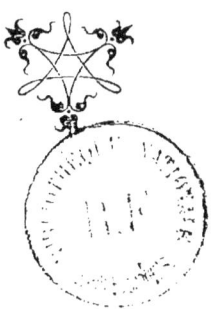

ACHEVE D'IMPRIMER

POUR LA PREMIERE FOIS A PARIS, LE XXV AOUT M.DCCC.LXII

PAR BONAVENTURE ET DUCESSOIS

POUR A. AUBRY, LIBRAIRE

A PARIS

a
e

www.ingramcontent.com/pod-product-compliance
Lightning Source LLC
Chambersburg PA
CBHW071948160426
43198CB00011B/1588